以经济高质量发展
推进中国式现代化二十讲

尹志芳　著

中国金融出版社

责任编辑：吕　楠
责任校对：孙　蕊
责任印制：陈晓川

图书在版编目（CIP）数据

以经济高质量发展推进中国式现代化二十讲／尹志芳著 . -- 北京：中国金融出版社，2024.8. -- ISBN 978-7-5220-2516-2

Ⅰ . D61

中国国家版本馆 CIP 数据核字第 2024B3Q540 号

以经济高质量发展推进中国式现代化二十讲

YI JINGJI GAOZHILIANG FAZHAN TUIJIN ZHONGGUOSHI XIANDAIHUA ERSHI JIANG

出版
发行　**中国金融出版社**

社址　北京市丰台区益泽路 2 号
市场开发部　（010）66024766，63805472，63439533（传真）
网上书店　www.cfph.cn
　　　　　　（010）66024766，63372837（传真）
读者服务部　（010）66070833，62568380
邮编　100071
经销　新华书店
印刷　涿州市般润文化传播有限公司
尺寸　169 毫米×239 毫米
印张　10.75
字数　201 千
版次　2024 年 8 月第 1 版
印次　2024 年 8 月第 1 次印刷
定价　89.00 元
ISBN 978-7-5220-2516-2
如出现印装错误本社负责调换　联系电话(010)63263947

目 录

第一章　现代化的一般理论与历史进程

现代化作为一个客观的历史运动已经历了 200 多年，但是从理论上对其进行研究不过几十年。20 世纪 50 年代末，西方社会科学领域首先提出"现代化"一词，之后政治学、经济学、历史学等学科从不同的角度对现代化进行了研究。我国著名历史学家罗荣渠教授认为，从整体上理解现代化，必须将其放在特定的历史时代来认识。罗荣渠教授还指出，世界现代化进程不是直线式的，而是呈波浪式跳跃前进，从第一次工业革命开始，推进现代化进程有三次浪潮。

第一讲　现代化的一般理论

研究中国式现代化理论，必须首先搞清楚什么是现代化。我们知道，"现代化"不是什么新出现的名词，今天这个词汇在中外报刊中的使用非常频繁。在当前的中国一提起"现代化"，几乎可以说是家喻户晓。尽管如此，在研究相关理论之前，我们还是非常有必要对这一概念做一个梳理，因为大而化之是学术研究工作的大忌。

一、现代化的提出

"现代化"一词最早出现在 20 世纪 50 年代末的西方社会科学研究领域中，它的英文表述为 modernization，意思是 to make modern，也就是成为现代的意思。现代化理论诞生于 20 世纪中期不是偶然的，而是与当时的社会历史大背景密切相关。

第二次世界大战结束后，旧的殖民体系瓦解，很多原殖民地附属国纷纷取得了政治独立。长期的殖民主义统治和剥削，造成了这些新兴民族独立国家（后来称其为发展中国家）的贫困落后。因此，独立后民族国家的首要任务，就是要找到一条适合自己发展的道路，以迅速改变其经济上的落后状态，这是关系到这些国家生死存亡的紧迫问题。

　　与此同时，第二次世界大战后世界范围内共产主义运动轰轰烈烈展开，随着苏联国力的迅速强大，以及中国、东欧国家、朝鲜等社会主义国家的相继诞生，社会主义阵营的势力也空前强大，世界进入了以苏联为首的东方世界和以美国为首的西方世界相互对峙的冷战时期。在两大集团的世界角逐中，发展中国家的倾向举足轻重。发展中国家究竟是效仿西方资本主义国家的发展模式，还是效仿社会主义国家的发展模式，或者是依据自身的特征探索适合自己发展的新模式，这不仅是关系到这些国家自身前途命运的问题，同时还对世界经济政治格局与版图有着非常大的影响。因此，这些发展中国家的政治稳定问题、经济增长问题、社会变迁问题等，引起了西方政治家和经济学家的极大兴趣，也成为西方社会科学领域关注的新方向。

　　正是在这样的历史背景之下，第二次世界大战之后西方理论界对发展中国家的发展问题进行了深入的研究，逐渐形成了西方现代化理论。最早提出"现代化"的是西方社会学领域的学者，他们把西方发达国家当时的状态描述为现代社会，把发展中国家当时的状态描述为传统社会。他们认为，发展中国家要想彻底解决落后的问题，就应该进入资本主义的轨道，走西方发达国家现代化的道路。之后西方经济学家、政治学家、人类学家等也分别从各自不同的角度对发展中国家的发展问题进行了深入的研究。比如，那个时期西方经济学诞生的一个新的重要分支——发展经济学，就是专门研究发展中国家经济发展问题的学科。这门学科最初主要关注发展中国家经济增长的问题，后来随着研究的深入，发展经济学家逐渐认识到，仅仅把目光局限在发展中国家的经济增长问题上，是解决不了这些国家的长远发展问题的。之后除了研究如何尽快增加物质财富之外，发展中国家的经济结构、社会发展、政治发展等在内的一系列问题也成了学者们新的关注点。政治学家开始从比较政治的角度研究发展中国家的政治现代化过程，社会学家从社会结构的角度研究现代社会的变迁问题，历史学家开始从比较史学的角度研究这些国家的历史变迁过程。现代化理论就是在这样的背景下，在对发展中国家的经济、政治、社会、文化、历史等综合研究的过程中逐渐形成的。

　　在西方资本主义国家中，美国学者尤其重视现代化问题的研究。究其原因，一方面，第二次世界大战结束后美国政府对社会科学领域研究投入的力量很大；另一方面，当然也是更加重要的一方面，当时美国政府从全球战略出发，亟须想办法保持与新独立国家之间传统的经济联系，对这些发展中国家和地区发展战略问题的研究也就非常重视。1949年杜鲁门总统提出要对落后国家提供经济援助的计划，也就是所谓的"第四点计划"，计划指出美国要通过大量的援助来支持和争取一些发展中国家。为此，美国必须加强对发展中国家发展道路与发展模式的研究，必须想办法将发展中国家的经济发展纳入美国设想的资本主义体系的轨道上去，以防止这些新兴民族独立的国家走上社会主义的发展道路。

综上所述，早期西方现代化理论研究的主要目的更多的是出于西方国家的政治需要，希望通过这样的理论传播，促使发展中国家进入资本主义的轨道，选择西方国家的现代化道路。真心实意地帮助发展中国家解决其国家发展问题并不是该理论研究的出发点。

二、现代化的含义与特征

（一）现代化的含义

前面的问题中提到，"现代化"（modernization）来源于"现代"（modern）一词，因此要想深刻理解"现代化"的内涵，我们首先应该弄清楚"现代"的含义。现代作为一个时间概念，是一个非常宽泛和笼统的词汇，不同的学者在不同阶段对其有不同的认识和理解。最初有的学者认为今天的现代终将会变成未来的古代，如果从这个视角看，"现代"一词从时间上看就无限延伸了。之后有的学者提出，"现代"这个词汇不能作为"当代"的泛称，而应该指一个特定的历史时代。这个特定时代开启的时间点大致为西方工业革命兴起的 18 世纪后半期，也就是说西方工业革命带来了现代工业新的生产方式，以此为分割点，人类社会的发展进入了一个新的阶段——现代。当然这个阶段到底要经历多长时间，谁也无法预测，但是可以肯定的是它不会是无限期的。今天把"现代"作为一个特定时代来理解，在学术界已经达成了一定的共识。

如果把"现代"作为一个特定的历史时代来看待，"现代化"就可以大致理解为第一次工业革命后出现的一个世界性的发展进程。这里我们还必须要阐明的一个问题就是，为什么西方学者要把第一次工业革命以来的世界发展独立地划分为一个特殊的历史阶段？

从发展理论的角度看，以第一次工业革命爆发为标志，人类历史上开始了全球性的社会大变革，具体来讲有四大变化。第一，从发展速度来看，第一次工业革命后的两百年间，经济发展呈波浪式、跳跃式的方式推进，国民财富出现了人类社会之前任何历史时代都没有过的持续加速增长。第二，从发展环境来看，现代工商业生产方式通过世界市场的强力扩张，使世界各地区、各民族由原来相对孤立条件下的独立发展转向一体化的发展趋势，世界逐渐连成一个有机的发展整体。第三，从发展机制来看，随着科学技术的革新，机器大工业的生产成为普遍的生产方式，科技进步在经济社会发展中的作用越来越重要，人类对自然界的依附逐渐减少，并逐渐确立了对自然力的统治的地位。第四，从发展的格局来看，起源于欧洲的工业革命推动了西方国家经济的快速发展，在很短的时间里西方国家的发展超越了东方世界，形成了世界发展的新格局。正是因为以上的四大变化，西方学者将第一次工业革命开启的时间作为人类社会新阶段的分割点。

现代作为一个特定历史时代的含义明确了，按理说对现代化的认识就应该相对容易一些，但事实上并非如此。长期以来，西方学术界对现代化的认识也是众说纷纭，表述也不尽一致。

从政治学的角度看，现代化就是"西化"或者"西方化"，就是落后国家在特定的国际关系格局下，通过走西方国家道路最终赶上世界先进水平的过程。这是最早研究现代化理论的西方学者的观点，也是19世纪中后期我国学术界比较流行的看法。这种观点侧重于从政治角度研究现代化，有突出的意识形态的特征。从人类社会的实践来看，西方国家是先发的现代化国家，因此在很长的一段时间，现代化的话语体系被西方所垄断。持这种观点的西方学者认为，发展中国家如果也想尽快实现现代化，就应该效仿西方模式，走西方资本主义的现代化道路。在我们今天看来，这种不考虑每个国家不同的民族特点、风土人情、历史文化等条件，主张全盘"西方化"的观点，显然是片面的，也是难以站住脚的。

从经济学的角度看，现代化就是工业化，就是经济落后国家致力于实现工业化目标的进程。换句话讲，从经济角度研究现代化，"工业化"一词也成为经济现代化的同义语。西方国家现代化进程是从工业革命开始的，工业革命是人类社会进程中最深刻的一次变革，它的到来不仅改变了物质生产方式，同时还使得社会生产方式与生活方式发生了深刻的历史变革。工业化是现代社会变迁的动力，工业革命以来工业主义日益主宰着人类文明，成为时代精神的象征。因此一些学者认为经济落后国家要赶上发达国家，必须要大搞技术革命，早日实现工业化进而走向现代化。

从社会学的角度看，现代化就是合理化，"就是人类自己对自然环境和社会环境的合理性控制的扩大"[①]。最早提出这一观点的是德国著名的社会学家马克斯·韦伯。韦伯认为，资本主义的兴起不仅是一个经济与结构方面的问

---

① ［美］西里尔·E. 布莱克. 比较现代化 ［M］. 杨豫译. 上海：上海译文出版社，1996：66.

题，"归根到底，产生资本主义的因素乃是合理的常设企业、合理的核算、合理的工艺、合理的法律以及合理的精神"。① 通俗地来看，韦伯认为现代化是一种理性的、全面的发展过程，对于落后国家来讲，这个过程不是自然的社会演进，而是在一定的时间内有计划、有目标的，采用合理的途径学习发达国家积极成果的过程。

综上所述可以看到，尽管"现代化"一词为人们所熟悉，但由于其本身多维度的丰富内涵，从不同的角度研究现代化就会有不同的认知。因此从整体上去认识现代化概念的实质，还需要进行深入的探讨。我国著名的历史学家罗荣渠教授认为，长期以来西方学者都是从各自的学科视角研究现代化问题，对于如何从整体上理解现代化，几乎没有做什么工作。不能忽视的是，既然学者们把"现代"一词作为一个特定的历史时代来理解已达成了一定的共识，那么对现代化概念的整体把握也不应该脱离历史这个视角。"现代化既然是一个历史过程，现代化的概念就应该是一个世界性的历史范畴。"因此，整体上理解和把握现代化的含义，就应该把现代化放在特定历史时代来认识。从历史的角度来看，罗荣渠教授认为，现代化可以有广义和狭义两种理解。

"广义的现代化是指第一次工业革命以来社会生产方式的大变革，引发世界经济飞速发展以及社会适应性变化的大趋势。具体来讲，就是以现代工业、科学技术为推动力，实现传统农业社会向现代工业社会的大转变，使工业主义渗透到经济、政治、文化、思想各个领域并引起社会组织与社会行为深刻变革的过程。"

"狭义的现代化是指在现代国际体系的影响之下，欠发达国家选择适合自己的路径，通过经济技术的革新来带动广泛的社会变革，最终缩小与发达国家差距的过程"。②

（二）现代化的一般特征

尽管现代化作为一个理论研究的范畴来讲，时间并不是很长，仅仅有几十年的历史，但是作为一个客观的历史运动它已经历了两百多年。关于现代化的一般特征，学者们也有不同的见解。美国政治学家亨廷顿教授从九个方面总结了现代化特征，分别是革命性、系统性、长期性、复杂性、全球化、阶段性、不可逆、同质化、进步性。我国著名历史学家罗荣渠教授认为，现

---

① ［德］马克斯·韦伯.世界经济通史［M］.姚曾广译.上海：上海译文出版社，1981：301.
② 罗荣渠.现代化新论［M］.北京：商务印书馆，2004：102.

代化的特征体现在工业化、都市化、民主化、法制化、福利化、阶层流动化等方面。总的来讲，现代化既是传统社会转向现代社会的历史进程，同时也是实现了现代化的发达国家的一种发展状态。在两百多年的世界现代化进程中，成功走向现代化的国家有一些共性的特征，主要表现在以下几个方面。

第一，工业化的实现是现代化的基础和核心。现代化进程始于第一次工业革命，大工业的兴起引起了世界的巨变与分化，社会财富的快速增长、生产生活方式的历史性变革、经济社会结构的变迁共同塑造出新的人类文明。尽管现代化不能简单地等同于工业化，但是工业化的实现却是现代化的基础和核心。高度发达的工业社会是一个国家现代化的重要标志，只有加快工业发展，才能为实现现代化奠定坚实的物质基础。可以说任何一个国家走向现代化的第一步一定都是工业化，工业化是实现现代化不可逾越的发展阶段。

第二，科技创新是推进现代化进程的内生动力。科技革命是推动工业化发展的根本动力，也是推进现代化进程的发动机。一些领域创新的率先突破，往往会带动若干领域的系统性突破，从而使得生产模式、组织方式等方面发生深刻变革，由此加速推进世界现代化的历史进程。回顾历史可以看到，科技创新是现代化国家的第一驱动力，现代化的先行者当年都是紧抓科技革命契机的国家。英国在 18 世纪中后期抓住第一次工业革命的契机，超越了当时海上霸主葡萄牙，率先进入了现代化国家行列；19 世纪 50 年代德国、美国抓住第二次工业革命的机会，生产力得到极大提升，快速走上了现代化的道路；20 世纪中期美国再次抓住信息技术革命的机会，综合实力进一步增强，巩固了其世界霸主的地位。

第三，社会结构是推进国家现代化的关键条件。现代化作为一场深刻的社会变革，不仅仅涉及经济领域，还会触动社会结构的变迁。总体来讲，现代化是工业革命以来人类社会急剧变迁的过程，在这个过程中，人类社会在规模上由小到大，在结构上由简单到复杂，在形态上由低级到高级，形成了包含人口结构、家庭结构、消费结构、就业分工结构、城乡结构、区域结构、收入分配结构、社会阶层结构等在内的全新的社会结构。这个全新的社会结构尽管在现行现代化国家的表现不尽相同，但是它们都有一个共同的指向，那就是一个理想的现代社会结构，一定应该具备更加合理、更加开放、更加公正等重要的特征。比如说英国以社会结构的变革尤其是政权结构的变革为核心，逐渐实现了传统社会向现代社会的转变。日本现代化的关键也在于以政权结构为中心和前提的社会结构的变革。历史经验证明，现代化的推进促进了社会结构的变革，而一个理想合理的社会结构也成为决定一个国家现代化进程的关键条件。

第二讲　世界现代化的进程

第一次工业革命以来，人类社会的生产生活方式发生了深刻的变化，由此传统农业社会开始向现代工业社会转型，后来学者们把这种大变革的现象称作现代化，并且作为一种新的理论开始研究。18世纪末发生在英国的第一次工业革命，推动英国首先走向了现代化，此后工业革命推动的现代化进程逐渐扩展到世界其他地区。世界现代化的推进使得人类社会发生了巨大的社会变迁，同时也使得人类文明形态发生了重大飞跃。世界现代化的进程不是直线式的，而是呈现出波浪式的跳跃前进的特征。关于现代化的世界进程，我国历史学家罗荣渠教授认为，推进世界现代化进程有三次大的浪潮。

一、第一次现代化浪潮

18世纪后期，第一次工业革命在英国首先爆发，随后扩展到西欧和北美地区，这次工业革命发端于工作机的诞生，以瓦特蒸汽机被广泛使用为主要标志，历时近一个世纪，掀起了世界现代化进程的第一次浪潮。

经济学家往往把工业革命仅仅看作一个由现代生产力自发推动的技术变革问题，而事实上，这个巨大的技术变革之所以发端于英国，和当年英国首先完成传统政治体制的全面改造是分不开的。1688年英国"光荣革命"，确立了议会高于王权的政治原则，英国人从此结束了专制的统治，逐步建立起在当时来说是比较先进高效的新的政治体制——君主立宪制。君主立宪制为英国此后的经济起飞提供了一个强有力的制度保障，英国率先走向了工业革命。

"光荣革命"后，政府大力推动经济发展，使得英国具备了工业革命的前提条件。首先，议会通过立法加速了圈地的步伐。革命前圈地在英国只是一种零星的个人行为，革命后圈地法案的颁布不仅使得圈地合法化，而且还大大加快圈地的进程，加速了自耕农的消灭。到18世纪末英国出现了大量的资本主义农场，大部分耕地实行集体化经营。这一结果在扩大国内市场的同时，也为英国工厂的建立提供了大量的自由劳动力。其次，英国政府不遗余力地拓展海外市场，到1763年英法七年之战以英国大胜而结束时，英国已经牢牢树立起了世界殖民霸权地位。此时的英国，不再像早期的宗主国一样，对殖民地残酷掠夺，而是把它们当作自己经济体系的一部分，通过国际分工共同构建了一个贸易圈。在这个贸易圈中，殖民地供应原材料，英国负责工业品的生产，最后再把这些制成品销往殖民地。随着殖民地扩张，英国的海外市场也迅猛增长，传统手工工场的生产方式已无法满足不断扩大的市场需求，一场生产方式的变革呼之欲出。

18世纪的英国，棉织品的市场需求非常巨大。据说当时伦敦的经理人经常催促棉纺主加快纺纱和织布的速度，强调一定要尽快生产更多的平纹布，无论产品质量如何他们都不会拒绝。在这样的背景下，工业革命首先从棉纺织业开始就不足为奇了。1733年织布工人约翰·凯伊发明了飞梭，大大提高了织布的速度，但却造成严重的"纱荒"，棉纱的供不应求又推动了人们想办法去改进纺纱技术。1765年哈格里夫斯发明了珍妮纺纱机，用机械替代手工劳动，提高了纺纱效率的同时，也带动了英国技术革命的连锁反应。从此在棉纺织业的技术创新层出不穷，水力织布机、走锭精纺机相继诞生，机械化率先在棉纺织业实现，并且得到了广泛的应用，现代工厂在英国最先诞生。但是当时推动机器运转的动力依然是水力，因此这些工厂只能选择靠近河流的地方建厂，随着机器生产越来越多，原始的动力源对生产的制约也更加严重。

1769年机械师瓦特研制出单动式蒸汽机，1782年又改制升级成联动式蒸汽机。改制后的蒸汽机生产效率高、运行也安全可靠，适用于各种工厂的生产，后来被称作"万能蒸汽机"。随着1785年第一座使用瓦特蒸汽机的棉纺厂建成，蒸汽动力在棉纺织业的使用逐渐超过了水力，纺织业在英国率先实现了动力蒸汽化。棉纺织业的进步引起了对煤炭和机器的大量需求，采矿业和生产瓦特机的制造业得到迅猛发展。矿石开始用机器成批生产，由此又推动了冶金业的发展，铁矿石的开采也日益增加。之后随着煤炭和铁矿石运输量的不断加大，又推动了英国交通运输事业的革新，1814年世界上第一台蒸汽汽车诞生，1825年世界上第一条公共铁路建成通车。

蒸汽机的广泛使用，使得英国在短短的几十年内就建成了现代化的工业体系。到19世纪40年代前后，英国传统手工业基本被大机器生产取代，工业革命基本完成，成为世界上第一个进入工业文明时代的国家。

从18世纪末开始，工业革命逐渐从英国传播至欧洲大陆和北美地区，之后又扩展到世界其他地区。法国是最早受到英国工业革命影响的国家之一，其工业革命也是开始于棉纺织业。1800年前后，法国从英国引进瓦特蒸汽机和珍妮纺纱机等设备，开始大量建设机器棉纺织工厂，之后蒸汽机逐渐走进了煤矿和冶金公司。但是和英国的工业化进程相比，由于大革命后的政局动荡，法国工业革命初期进程相对缓慢，一直到第二帝国时期政局相对稳定后，法国的工业化才进入了快车道，取得了较大的成就。到19世纪60年代，法国工业革命基本完成，成为世界上仅次于英国的工业化国家。

美国工业革命的开启几乎与法国处于同一时期。18世纪下半叶的英国无比强盛，而那时的美国，生产还是以传统的手工业为主。1782年美国独立战争胜利后，迫切希望尽快走向富强，制定了许多政策鼓励棉纺织业的发展。1789年，一个曾经的英国纺织厂工人斯莱特来到美国，凭借其惊人的记忆能力和机械制造能力，在1790年仿制出英国的阿克莱特纺织机，并建立了美国的第一家现代工厂，美国的棉纺织业逐渐开始机械化生产。马克思曾说，工具机的使用是工业革命的起点。斯莱特复制的纺织机，开启了美国机械化生产的先河，因而他也被称作美国的"制造业之父"。后来很多学者也把斯莱特复制纺织机成功的1790年看作美国工业革命的开启之年。由此可见美国这个今天的科技强国，当年也是靠复制他国技术起步的。此后美国的发展在很长一段时间都是依赖欧洲的技术，到19世纪50年代末，美国完成了工业革命。

由于长期处于四分五裂的状态，德意志工业革命起步较晚。1834年关税同盟的建立解决了国内市场分裂问题之后，德国才开启了工业革命之路。和其他国家不同的是，德国的工业革命并没有从纺织业起步，而是从铁路建设入手，之后冶金、采矿、机械制造等部门得到较快发展，到19世纪70年代德国已建成比较完整的工业体系，完成了工业革命。

综上所述，第一次工业革命起源于英国，之后在世界范围内不断的扩散。到19世纪中期前后，除了西欧和北美地区外，日本、俄国等国也陆续卷入了工业化和现代化的巨大浪潮之中。工业革命使得资本主义国家的生产力出现了前所未有的大发展，同时也拉大了各大文明区域的差距，形成了世界第二次大分化：世界的一端是生产力高速发展的新兴工业国，另一端是依然处于原始技术阶段的传统农业国。到第一次工业革命结束，完成工业革命的西方资本主义国家逐渐走向了现代文明的中心，在全世界范围内形成了西方先进东方落后的局面。尤其是率先完成工业革命的英国，经济空前繁荣，很快成为世界上当之无愧的最发达的国家。

二、第二次现代化浪潮

19世纪中后期，自然科学研究工作空前活跃，科技进步突飞猛进，新技术、新发明不断地涌现，主要表现在电力、无线电、冶金、内燃机、化工等多方面的技术革新上。这些新技术突破后被快速应用到工业生产领域，大大促进了经济的发展。第二次工业革命蓬勃兴起，推动了世界现代化进程的第二次浪潮。第二次工业革命的主要标志是电力的发明和广泛应用，和第一次工业革命不同的是，这次工业革命的中心不在英国，而在美国和德国。

第二次工业革命是从发电机的制造和应用开始的。1831年英国科学家法拉第发现了电磁感应现象，为电动机和发电机的诞生奠定了科学基础。1866年，德国工程师西门子制成了发电机，第一次将机械能转为电能。13年后他发明了电动机，再次实现了电能转变为机械能的突破，电力开始成为补充蒸汽动力的新能源，德国的工厂、电讯和车辆等领域迅速电气化。1882年德国的电气工业还不被单独立项，但是到1913年的时候，德国的电气产品在全球占比高达34%，位居世界第一，电力工业逐渐成为德国经济增长的主要因素之一。

同一时期美国的科技人员也不甘落后，他们积极引进欧洲先进理论，并进行了独创性的研究。1879年美国著名科学家爱迪生发明了白炽电灯泡，1882年世界上第一座火力发电站在纽约建成，爱迪生亲自为其合上电闸，电流顺着电线迅速流动，意味着电力的广泛使用成为可能。对于19世纪末的美国人来说，爱迪生的名字几乎就是发明创新的代名词，他一生中有2000多项发明专利。不仅如此，美国技术发展转折点也是以爱迪生时代来划线的。电灯的发明和电力系统的应用，改变的不仅是人们的生活方式，生产方式也得到了质的飞跃。电动机逐渐取代了蒸汽机，电力工业和电器制造业等一些新兴工业飞速发展，人类历史开始进入电气时代。电力技术引起动力革命的同时还引发了通讯革命，1837年亨利发明了电报机，1876年贝尔发明了电话，1891年电动交换机诞生，这些新技术使快速传递信息成为可能，这又进一步加强了国家之间的联系。作为电力工业的故乡，美国经济后来居上，很快取代了英国和法国的领先地位，昂首挺胸地走在了世界前列。

内燃机的发明和应用是第二次工业革命时期的又一项重大成就。1876年德国人奥托制造出第一台以煤气为燃料的小型内燃机。1883年德国工程师戴姆勒制造出以汽油为燃料的内燃机，这种内燃机尽管体积小、重量轻，但是它的马力很大，可以作为交通工具的发动机。1897年工程师狄赛尔又发明了适用于重型运输工具的柴油机。内燃机的发明，解决了交通工具发动机问题，从而推动了交通领域的深刻变革。1885年德国人卡尔·本茨成功地制成只有三个轮子的汽车，尽管时速只有15千米，但却是世界上第一辆汽车，因此本茨也被称为"汽车之父"。和德国相比，美国汽车工业起步稍晚，但由于其石油资源丰富，美国汽车工业的发展非常迅速。1893 年杜里埃兄弟制造出第一台汽油引擎汽车，两年后兄弟俩创办了美国第一家汽车工厂。到 19 世纪末的时候，美国已经拥有 30 多家汽车生产商，但是当时汽车存在的普遍问题是质量差且价格高。1908 年福特公司推出了 T 型车，因其优良的产品品质和低廉的价格，使汽车真正进入了寻常百姓家，美国由此成为"车轮上的国度"。继汽车出现之后，以内燃机为动力的飞机、轮船、机车也不断涌现出来。

伴随着"电气时代"到来的还有"钢铁时代"。内燃机的应用和汽车、航空工业的发展，对钢铁等原材料也提出新的要求。随着高分子合成的新材料研究成功，钢铁冶炼技术也实现了新突破，钢铁工业的发展如日中天，在产量和质量上都得到了大幅的提升。内燃机的应用还推动了石油工业的发展，如果说第一次工业革命是煤炭改变了世界，第二次工业革命就是石油改变了世界。石油钻井技术的不断提升使炼油机械化自动化也逐渐实现，石油工业得以蓬勃兴起。19 世纪 70 年代，全球石油开采仅仅 80 万吨，但是经过短短 30 年的发展，到 20 世纪初，已经猛增至 2000 万吨。

和第一次工业革命相比，第二次工业革命期间，科学对技术创新已经起到了决定性的作用。第一次工业革命时期，科学和技术还没有真正结合，主要的技术发明基本都源于工匠的实践经验，普通工人甚至都不需要识字，仅通过日常工作就可以掌握部分核心技术。这也就不难理解，为什么当时英国颁布了严厉的法令，禁止蒸汽机和相关的技术出口，但还是挡不住其他国家对其先进技术的学习。比如当年为美国复制出第一台纺织机的斯莱特，他在 14 岁的时候只是英国一家纺织厂的学徒工，几年后他改名换姓进入美国，为美国制成了当时世界上最先进的工作母机。到了第二次工业革命时期，科学与技术紧密地结合起来，逐渐跳出了"经验牢笼"，每一项技术的突破都是建立在对科学掌握的基础之上，技术的复杂程度大大增加，科学在推动生产力发展上起到更加重要的作用，技术创新的中心也从个体工匠转移到了以科学家和工程师为核心的研究所，落后国家已经很难再通过简单复制的方式来实现其工业化了。

另外，第二次工业革命的多中心特点也是我们不能忽视的。第一次工业革命起源于英国，一些重要的新技术新方法也主要诞生于英国，在这个期间可以说英国处于绝对领先地位。而第二次工业革命的开启是在几个资本主义国家同时发生的，新技术新发明新创造也超越了一国的范围，其规模也更加广泛、发展也更加迅速。19 世纪六七十年代，世界正处于新旧产业交替时期，这期间国家与国家之间的竞争最重要的是在新产业上抢占一席之地，而不是在原有产业基础上去争取更大的市场。对于 19 世纪 80 年代的英国来说，当时的纺织业长期处于世界垄断地位，仅靠庞大的殖民地市场就可以获得超额利润，这种路径依赖阻碍了英国对新生主导产业的追求。而此时的美国、德国却大力加强基础科学研究，并积极推进新技术应用，最后领跑了第二次工业革命。到 20 世纪初，美德两国取代英国登上世界经济的领导地位，英国的单一中心地位被多中心资本主义经济体所取代。

总之，由内燃机带动的第二次工业革命促进了生产力的飞跃发展。这期间的经济增长速度大大超过蒸汽机时代，交通的便利化扩大了人们的活动范围，通信工具的革新加强了人与人之间的交流，这些对人类社会都产生了深远的影响。在第二次工业革命的推动下，企业间竞争加剧促进了市场和资本的集中，出现了各种垄断组织，国家日益成为垄断组织利益的代言人。垄断资本跨出国界，抢夺世界市场，在全球建立了帝国主义殖民体系。19 世纪末20 世纪初，世界资本主义经济体系最终形成。

三、第三次现代化浪潮

20 世纪中期，以原子能、航天、计算机等技术的发展和应用为代表的第三次工业革命开始兴起，人类社会进入了电子信息时代。第三次工业革命是继蒸汽革命和电力革命之后人类科技史上又一次重大的飞跃，它推动人类社会发生了真正全球性的大变革，也推动形成了世界现代化进程的第三次浪潮。

第三次工业革命兴起的背景，一方面是当时的科学理论出现了重大突破，另一方面是因为第二次世界大战期间及第二次世界大战之后各国对高科技迫切需要的结果。第二次世界大战波及亚洲、欧洲、非洲以及大洋洲，60多个国家被卷入战争，很多城市遭受到巨大的破坏甚至变成废墟。但是美国是个例外，其本土因为远离战争，不仅没有遭到丝毫破坏，而且还得到了一个得天独厚的发展环境，巨大的军火贸易让美国的实力急剧增长。到 1945 年的时候，美国的经济已绝对领先于其他资本主义国家，工业总量、黄金储备、对外贸易分别占全球的 60%、75% 和 33%，人类历史上出现了一个从未有过的超级大国。但是这个超级大国在第二次世界大战后仍然没有放缓自己前进的步伐，1945 年 9 月美国总统杜鲁门在向国会递交的战后复兴计划中正式提出，要把发展高科技放在维持美国世界领先地位的战略高度来考虑，此后美国一直坚守科技兴国这个重大战略。由此，美国作为第三次工业革命的发起国也就不足为奇了。

　　1939 年 1 月，在华盛顿召开的国际理论研讨会上，刚刚发现核裂变的消息让科学家们忧心忡忡。因为这项发明是在德国完成的，而战争狂人正在统治着那个国家。科学家们既知道希特勒的能量，也知道铀裂变的能量，两者加起来足以毁灭地球。他们认为，只有抢先造出原子武器才能先发制人。当时包括爱因斯坦在内的美国科学家提议，要迅速采取行动制造原子弹。1942 年美国秘密启动了代号为"曼哈顿"的原子弹研究计划，最终目标是战争结束前造出原子弹，罗斯福总统赋予这一计划"特别优先权"。这项计划汇集了来自全世界的科学家，其中不乏诺贝尔奖得主，在顶峰时期曾经起用了 50 多万人，动用了全国三分之一的电力，总耗资高达 22 亿美元。1945 年 7 月，世界上第一颗原子弹在美国爆炸成功。在这场原子弹研究竞争中，美国动用国家的力量，凭借其经济和人才优势，抢在德国前面完成了原子弹的研制。以原子弹爆炸为标志，美国首先开启了以原子能、航天、计算机等技术为龙头的第三次科技革命。第二次世界大战结束之后，美国成为世界头号军事强国。

　　空间技术的发展是第三次工业革命的又一重大成果。从某种意义上讲，冷战促进了这一技术的飞速发展。第二次世界大战刚刚结束的时候，美国是世界上唯一拥有核弹的国家，这无疑给苏联带来了非常大的压力。1949 年 8 月，当苏联第一颗原子弹爆炸成功后，太空就变成了两个国家竞技的新舞台。20 世纪 50 年代末，就在肯尼迪总统提出"谁能控制空间，谁就能控制地球"的时候，1957 年，一颗镌刻着"苏联"字样的人造地球卫星闯入了太空，开创了空间技术发展的新纪元。苏联的行为对美国的刺激非常大，随后美国加紧了在这一领域的研究，一年之后美国的人造地球卫星也进入了太空。1961 年，苏联宇航员加加林乘坐飞船进入太空，率先实现了人类进入太空的梦想。苏联这个名字再次让美国人瞠目结舌的同时，又一次震惊了世界。美国人不甘落后，1961 年启动了"阿波罗"计划，开始组织实施载人登月工程。1969 年"阿波罗 11 号"在月球成功登陆，美国宇航员阿姆斯特朗成为世界上第一个登上月球并在月球上行走的人。"阿波罗"计划历时约 11 年，总耗资近 500 亿美元，在高峰时期该计划的参与总人数超过 30 万人。"阿波罗"计划在世界航天史上具有划时代的意义，它让人类开始从太空俯瞰地球，创造了人类文明的新高度。

　　电子计算机的产生与发展也是第三次工业革命开启的重要标志。尽管世界上第一台计算机诞生于第二次世界大战结束之后，但是战争却是计算机问世不可或缺的有力推手。第二次世界大战期间，各国武器装备很差，研制开发新型大炮和导弹显得非常迫切。为了解决计算弹道的难题，美国军方和宾夕法尼亚大学合作成立研究小组，开始了电子计算机的研制工作。1946年2月14日，世界上第一台计算机"埃尼阿克"在美国宾夕法尼亚大学问世。"埃尼阿克"的诞生具有划时代的意义，它为人类开辟了一个崭新的时代，人类的认知从分散到系统、从微观到宏观，得到大大升华，同时也使得人类实现了从体力解放到脑力解放的大跨越，人类从此迈进了真正的信息时代。计算机的应用使得原有产业得到了自动化、智能化的武装，也将世界的工业化水平推进一个新的历史阶段。

随着新的科技创新，第三次工业革命推进了社会生产力的快速发展，也使得社会经济和生活结构都发生了重大的变化。这次工业革命在延续第二次工业革命成果的基础上，产生了以原子能、空间技术、计算机为代表的新科技革命，催生了新一次的现代化浪潮。在发起国美国的带动下，前期实现工业化的国家开始了工业的升级换代，相继进入现代化的高级阶段。第三产业崛起，生产的专业化、高科技化、多样化特征明显，美国成为第二次世界大战后西方资本主义国家发展新浪潮的中心。同时，随着第二次世界大战后民族解放运动的兴起，现代化浪潮也逐渐扩散到第三世界国家。广大欠发达国家紧抓新科技革命带来的发展机遇，明确提出现代化的发展目标，它们以政治变革引导经济变革，有计划地用国家的力量全力推动现代化，形成了各具特色的现代化道路。东亚地区原来的一些边缘农业国，由日本带头搭上了现代化的列车，创造了东亚经济奇迹；第一次、第二次现代化浪潮中的落伍者拉丁美洲，在第三次现代化浪潮中也开始积极地探索适合自己的工业化道路，但是后来由于过分依赖外部资本，出现了经济的畸形结构；错过了前两次工业革命的中国，在1978年改革开放后奋起直追，先后完成了以轻工业为主的第一次工业革命，以内燃机、电力等为主的第二次工业革命，之后积极追赶西方发达资本主义国家的第三次工业革命，从最初的跟跑，到今天成为第三次工业革命的佼佼者。

纵观两个世纪以来的世界现代化进程，可以看到从"中心"向"外围"推进的典型特征，走向现代化国家的步伐是参差不齐的。当欠发达国家和地区刚刚开启现代化进程的时候，走在最前列的国家已经完成了发展使命，准备开启新的征程。从时间的顺序梳理，卷入现代化浪潮的国家可以分为三批。第一批被称为现代化的先行国家，它们在19世纪上半叶赶上了现代化的第一班车；第二批被称作现代化的后进国家，它们在19世纪下半叶赶上了第二班车；第三批就是20世纪后期才开始一路追赶的"迟到国家"。由于各个国家和地区被卷入现代化浪潮时的发展起点不同，它们的发展速度、发展方式、发展战略也多种多样。两个世纪以来，每一次现代化浪潮的推动力都是新的工业革命。今天以大数据、量子通信、人工智能、新材料、可控核聚变等为代表的第四次工业革命即将到来，各个国家都在发力，积极抢占科技领域的制高点，谁能引领这次工业革命，谁就有可能成为世界的领导者。

第二章　中国式现代化的历史渊源

中国式现代化的道路不是凭空产生的，它是从近代中国沉重的苦难中走来的，有着非常深厚的历史渊源。近代以来，由于清朝政府封建统治的腐败和西方列强的入侵，中国逐渐沦为半殖民地半封建社会，中国人民遭受了前所未有的苦难。面对空前的民族危机，中国人民没有屈服，而是以百折不挠的精神奋起抗争，相继开展了洋务自强运动、维新变法、辛亥革命等多项救亡斗争，但最终都以失败告终。救亡运动迫切需要新思想、新组织的引领。1921 年中国共产党的诞生，深刻地改变了中国人民的前途命运。100 多年来，中国共产党始终坚持从实际出发，制定符合国情的路线、方针、政策，自力更生、锐意进取，团结带领全国各族人民取得了一个又一个的成就，创造了一个又一个的奇迹，走出了一条适合自己的中国式现代化道路，为中华民族伟大复兴打下了坚实的基础。

第三讲　近代中国对现代化道路的艰辛探索

中华文明是世界上唯一没有中断的文明。在 5000 年源远流长的历史长河中，中华民族以自己的勤劳和智慧，曾经在很长一段时间走在世界前列，活跃在世界舞台中心，中华民族也成为世界上最伟大的民族。史料记载，宋朝时的人口占全球比重为 15%，但是经济总量占全球比重高达 75%。在经济最鼎盛时期，中国一个国家的经济总量占到全球比重的 80%。即便是近代以来日益衰落的清朝政府，在鸦片战争前 20 年的 1820 年，它的经济总量仍然是世界第一，占全球比重为 32.9%。

农业文明时期的中华民族，为人类社会的进步作出了卓越的贡献。资料显示，16 世纪之前，世界上最重要的 300 项发明，中国一个国家的占比就接近 60%，远远超过同时代欧洲各国的总和。比如说中国古代四大发明，极大地促进了当时生产的发展，推进了人类文明的进程。英国哲学家培根在其 1620 年出版的《新工具》一书中，曾高度称赞了我国四大发明对世界的贡献。他指出："印刷术、火药、指南针，这三种发明曾改变了整个世界事物的面貌和状态，以致没有一个帝国、教派和人物能比这三种发明在人类事业中产生更大的力量和影响。"① 培根为什么对这三种发明评价如此之高？原因在于指南针的发明促进了航海事业，火药用于军事领域，指南针加上火药，帮助资本主义国家打开世界市场并建立了殖民地；而印刷术则变成了新教的工具，用于传播西方文化，大大提高了传播的效率。尽管这里并没有提到造纸术，但是造纸术为印刷术的产生和推广提供了必要的条件。

17 世纪中叶之后，西方一些国家先后爆发了资产阶级革命，并相继完成工业革命，机器大工业生产代替了手工业生产，这些国家迅速强大起来。原来文明程度落后于中国的欧美国家，这时已远远地跑在了前面，中国开始落伍。1830 年欧洲 GDP 全面赶超中国，1865 年英国一个国家的 GDP 就超过了中国，1900 年美国又超过了中国。而当时的清朝政府却闭明塞聪，仍然以"天朝上国"自居，认为自己依然是世界的中心，别的国家不过是蛮夷而已，把西方的先进技术看作"奇技淫巧"。到 19 世纪三四十年代，清政府政治腐败、财政空虚、社会动荡，由盛及衰的预势越发加深。

而此时强大起来的欧洲列强为了获取更大的利益，急需在全球范围内扩大市场。列宁曾经深刻地指出："资本主义如果不经常扩大其统治范围，如果不开发新的地方并把非资本主义的古老国家卷入世界经济的旋涡，它就不能存在与发展。"②

1840 年英国政府以林则徐虎门销烟为借口发动侵华战争，史称"鸦片战争"。1840 年是中国近代史的开端，也是我们每一个中国人必须记住的年份。有一位历史学家曾经指出，量变堆积历史、质变分割历史。1840 年就是分割中国历史的一个时间点。因为在 1840 年之前，尽管当时的清朝政府国力已经日渐衰落，但好歹还是一个独立的封建国家。但 1840 年第一次鸦片战争之后，中国逐渐被沦为半殖民地半封建社会。

1840 年第一次鸦片战争，最终以清朝政府战败割地赔款而告终。但是没过多长时间，1856 年英法联军又发动了第二次鸦片战争。当年的侵略者长驱直入北京，杀人放火，火烧了圆明园。4 年之后，战争再一次以清朝政府失败告终。1894 年 8 月，隔壁富起来的日本也发动了侵华战争。之后，清政府与日本签订了丧权辱国的《马关条约》，割让台湾，赔款 2.3 亿两白银，相当于

---

① 宛福成. 培根与新工具［M］. 北京：中国少年儿童出版社，2001：138.

② 列宁全集（第三卷）［M］. 北京：人民出版社，1984：547.

当年满清政府 3 年的财政收入，中国的国际地位一落千丈。当年中日甲午战争的战败对中国人的刺激非常大，如果说之前我们好歹是被西方大国打败的话，这一次我们居然被隔壁这个弹丸小地的国家打败，真的是奇耻大辱。谭嗣同当年写下了与万民同悲的诗句："四万万人齐下泪、天涯何处是神州？"① 但是仅仅只过了几年，1900 年八国联军又发动了侵华战争，侵略者所到之处，烧杀淫掠、尸横遍地，圆明园第二次被烧，北京城当年再一次遭受了空前的洗劫。清政府战败后，赔款 4.5 亿两白银。这是一个屈辱性的赔偿标准，因为当年全国大约有 4.5 亿人，西方列强要求按照一人赔一两的标准，总共赔偿 4.5 亿两。

这就是 100 多年前的中国，我们当时就像是一个破草房子，谁上来就一脚踹倒，我们用梁柱支起来，再上来又一脚踹倒，我们再支起来，再踹倒……这种衰弱和无力达到了极致，中国人被称为"东亚病夫"，任人欺凌、任人宰割，跌倒在地上爬都爬不起来，中国到了亡国灭种的边缘。中国人民逐渐意识到，仅靠"量中华之物力，结与国之欢心"是解决不了挨打的问题的。要彻底解决挨打问题，必须要让我们再一次强大起来，也就是要实现民族复兴。而实现民族复兴就要向西方学习，走现代化的道路。在这样的背景下，晚清洋务派开启了探索中国民族复兴的现代化自强运动。

一、洋务运动开启中国现代化道路

洋务运动又称为自强运动，是清朝晚期洋务派发起的一场挽救清朝统治的自救运动。19 世纪中期的中国，内有太平天国反清运动如火如荼，外有英法联军的强势进攻，清朝政府被内外夹击，遇到了开国以来最大的统治危机。1861 年 8 月，咸丰皇帝在逃难中患病驾崩，恭亲王以议政王身份主持议和，和曾国藩、李鸿章等形成一个主张改革的政治集团。因为在战争中看到了西方坚船利炮的巨大威力，他们对数千年未有之强敌有了新的认识，但并没有被暂时的"和局"麻痹，而是感受到一种潜在的威胁。他们认为，要真正拯救清朝政府的危亡，向西方学习是唯一的办法。

19 世纪 60 年代，以李鸿章、曾国藩、左宗棠、张之洞等为代表的洋务派，开启了向西方学习先进技术的洋务自强运动。洋务运动的指导思想是师夷制夷、中体西用。师夷制夷即学习西方资本主义国家的先进技术用来抵抗西方列强的侵略。中体西用即要以中国儒家学说为主体、以西方科学技术为

---

① 谭嗣同全集［M］. 北京：中华书局，1981：540.

应用。通俗地讲，就是在学习西方先进技术的同时，要保留使用中国的文化学问，而且还要将中华文化、民族特色放在主要的位置，学习西方技术是为了更好维护清朝的封建统治。

以此为指导，洋务派通过"官督商办""官商合办"的方式走上了发展中国工业的道路。1861 年安庆军械所建立，尽管其规模较小，但它却是清朝政府创办的第一家新式武器军工企业，也是中国近代以来最早的机械工业企业。它的建立标志着中国近代工业的起步，也标志着洋务自强运动的正式开启。洋务派的主要做法是引进、学习、消化西方的先进技术，走出了一条先模仿后自主生产的工业发展之路。在军事领域，以"自强"为旗号，兴办军工企业，训练新式海军，到 19 世纪 80 年代进度加快，1888 年建成了当时中国实力最强、规模最大的近代化海军舰队——北洋水师。在民用领域，以"求富"为旗号，在张之洞大力倡导的"兴办实业"思想的指导下，近代钢铁、矿业以及铁路、轮船、邮政等新式民用工业相继出现并得到初步发展。

在兴办近代新式企业的同时，洋务派还积极举办新式教育。首先是创办新式学堂，在自强运动的 30 多年间，洋务派先后创办了三四十所各类新式学堂。最初成立的是专门学习西方文化的学校，比如京师同文馆、广州同文馆、上海同文馆、湖北自强学堂等。这些"西文"学校主要以培养外交人才为主，当时洋务派认为，在国内应该专门设立语言学校，在这些学校的学生们除了学习中文外，外国传教士还要讲授英文以及数学。后来随着近代军工企业的兴办，洋务派又开办了一些专门学习西方技术的学校，用来培养专门的军械制造人才和军事将领人才。比如，1881 年左宗棠在福州创办的马尾船政学堂，这是中国第一个专门学习"西艺"的学校。学堂学制 5 年，按照英国和法国的海军学校成规，理论课程主要包括算术、几何、物理、船体建造、机器制造、航海理论等。除了理论课程的学习，学生还必须参加为期近两年的实践训练，包括航海技术、航海指挥等，这些课程都需要在训练船上进行。马尾船政学堂创办之后，专门学习"西艺"的军事学堂在各地纷纷创立，为清朝政府培养了大量的军事人才。

除了创办新式学堂，洋务派还积极派遣留学生赴国外学习西方的科学文化。1872 年 8 月，清朝政府派出第一批学生赴美留学，之后的 3 年又先后派出三批 100 多名学生赴美，这些学生出国时的平均年龄只有 12 岁，他们是近代中国最早的官派留学生。1877 年之后，清朝政府又先后派遣了 70 余名船政学生赴欧洲留学，这次留欧学习非常成功，留学生们回国之后都成为海防建设的骨干。当年的中日甲午战争，参加黄海战役的 12 艘军舰的管带，有一半是留欧学习船政的学生。近代中国派遣留学生出国学习的行为，冲破了闭关自守的守旧思想，也开辟了中西方文化正式交流的渠道。之后国内逐渐开始重视近代自然科学课程的学习，这反过来又推动了开办新式学堂的进程。

总而言之，持续30多年的洋务运动，在军事领域、民用企业以及交通领域都取得了一些成果，这些成果为之后中国的现代化之路奠定了一定的经济基础。当年由政府兴办了约30多家现代军用企业，雇佣工人最多的时候达到一万余人，支出的费用累计达到数千万两白银。民营工业开办了100多家，其中重要的、规模较大的企业达30余家，开平煤矿、上海织布局、汉阳铁厂等知名企业都是在那个时期开办的。现代交通运输领域当年也取得了一些成就，兴办了轮船招商局、关东铁路、津沽铁路、电报及邮政系统等事业。

当然不能忽视的是，洋务运动的中心环节是实现防卫现代化，因此其最大的成果是海军建设。到中日甲午战争前夕，无论是军舰、鱼雷艇，还是海军人数，规模都大于日本海军。其中实力最强、规模最大的北洋舰队排名世界第九、亚洲第一，但是后来因为种种原因日渐落后日本，在1894—1895年的中日甲午战争中，北洋舰队在黄海海战中全军覆没，也直接宣告了洋务自强运动的失败。

实事求是地讲，中国19世纪60年代开启的洋务运动，从时间上来看，和西方国家第二波现代化相比，起步并不算迟缓。当时以内燃机带动的电力革命正在推动第二次现代化浪潮，包括德国、意大利、俄国、日本在内的很多国家都是在这次大浪潮中迅速崛起的。从方式方法上看，无论是从西方先进国家引进技术，还是从官办到官商合办的现代企业开办模式，也都是后进国家自上而下开启现代工业化之路的常见形式。比如日本明治维新时期创办企业也是从官办开始，后期才是商办。那为什么我们的现代化起步之路如此艰难呢？

回望历史，当年日本在开办官办企业的同时，保护私有财权，促进居住迁移自由，扶持民间企业；后期发现官办企业诸多问题之后，迅速把官办企业转移给民营企业，而且还给民营企业提供贷款资金，培植了后期的财阀资本，发展了日本的现代企业。而当时的中国，由于缺乏全局的考虑，很多企业在没有任何配套基础设施、没有保护私有产权的法律甚至没有现代化生产的技术管理人才的条件下就仓促上马，无论是生产还是管理全都依赖外国人，而且这些外国人中不乏"半瓶醋"之辈，这就使得很多企业在运行中出现了严重的失误与管理上的混乱。再加上当时官办企业中官僚习气严重，成本高、浪费大，后期发现这些问题后，又由于多种原因不能停办或者转为民营企业，因此现代企业的生产难以形成规模效应，也就不可能推动形成强有力的工业化浪潮。当年总理衙门的奕䜣曾对当时的改革有过这样的评论："人人有自强之心，亦人人为自强之言，而迄今仍无自强之实。"[①]

二、戊戌变法开创中国思想现代化的先河

戊戌变法又称维新变法、百日维新，是以康有为、梁启超为代表的维新派倡导向西方学习，通过光绪皇帝发动的一场影响深远的变法运动。这场运动从政治、经济、教育、文化以及社会等领域进行了改革，试图挽救中国的命运。但103天之后，戊戌六君子在京城菜市口被砍头，戊戌变法以失败告终。

中日甲午战争之后，清朝政府与日本签署了丧权辱国的《马关条约》。除了割地赔款之外，条约规定日本人可以在中国办厂，其生产的产品还要免征内地税。其他西方国家也趁此机会提出要"利益均沾"，由此掀起了西方列强瓜分中国的狂潮。德国强租胶州湾，英国强租新界，俄国强租大连、旅顺，法国强租湛江，这些列强涌入中国的通商口岸，在中国大量开办工厂。甲午战争之前，外国在中国的投资也不过几亿美元，但甲午战争后投资数额猛增。从1841年到1894年的50多年间，外国在华投资建厂仅142家，但是甲午战争后，从1895年到1914年，仅仅20年的时间，外国资本在华投资建厂就达到了326家。外资在中国投资办厂，就地利用中国的廉价劳动力和原材料，加上中国政府给予他们的免税特权，攫取巨额利润的同时对中国企业的冲击也非常大。加之甲午战争之后，清朝政府不得不靠从外国财团处的贷款来偿还巨额战争赔款，这也使得外国势力对清朝政府的控制从经济渗透到政治领域，中国也彻底沦为半殖民地半封建社会。

面对空前的民族危机，维新派主张变法图强。其实早在洋务运动期间，以冯桂芬、王韬为代表的早期维新思想家已经对当时的"中体西用"进行了反思。在与西方文化人士长期的交流中，他们逐渐认识到西方现代化先行国家制度的优越性，于是提出了早期的维新思想，主张在政治、经济、文化等方面向西方学习，进行全面的改革，但是在当时，这种思想不被国人接受。

到了19世纪90年代，维新思想有了新的发展，出现了以康有为、梁启超、谭嗣同、严复等为代表的维新派。他们大力传播西方政治学说和自然科

---

① 牟世安. 洋务运动（一）[M]. 上海：上海人民出版社，1961：26.

学知识，宣传天赋人权、人人平等的理念。尤其是严复翻译的英国生物学家赫胥黎的《进化与伦理》，在学术界引起了极大的震动。维新派用进化论的思想来宣传变革，认为人类社会和自然界是一样的，都要遵循物竞天择、适者生存的规则。对于当时清朝政府的前途，他们认为只有变法才能图强。当时谭嗣同的思想最为激进，他深刻地批判了君主专制制度，猛烈冲击了腐朽的旧文化，认为社会变革首先要从政治体制变革开始。维新派的思想遭到了保守派的强烈攻击。为了让更多的人理解并接受他们的思想，维新派加大宣传力度，他们创立学堂、学会，出版报刊，到1898年底，学会、学堂的总量已经达到三百多个，对当时新思想的传播起到了非常重要的作用，也形成了近代以来中国历史上的第一次思想解放高潮。

1897年11月1日，山东曹州府所辖的巨野县，两名借住在该地教堂的德国传教士死于非命。德国以此为借口，强行与清朝政府签订了《胶州租界条约》，青岛由此成为德国殖民地。康有为再次上书给光绪皇帝，指出如果再不变革的话，有可能会出现国亡民危。此时的光绪皇帝也感觉到了事态的严重性，他也不想当一个亡国之君，下定决心实行改革。1898年6月11日，光绪皇帝颁布了"明定国是"诏书，变法正式开始。在短短的100多天中，根据康有为等维新派的建议，光绪皇帝颁布了100多道变法诏书，从政治、经济、社会等多个方面来推行新政。

政治上，开放言路，允许自由创办报馆指陈利弊，允许百姓上书言论；精简机构，撤销六个衙门并裁汰冗员，以减少财政负担；任用新人，一些维新派人士如谭嗣同、刘光第等被光绪皇帝起用参与新政；效仿康熙、乾隆时期开"懋勤殿"，供皇帝与维新派共商改革之用。经济上，提倡学习西方的运行机制开办实业；文化上，改革科举制度，开办京师大学堂，所有学堂都改为兼学中西学的学校，设立译书局用来翻译外国图书，派留学生出国学习交流。军事上，改用西方军事训练方法，实行团练，裁减绿营。

众所周知，康有为、梁启超等维新派最初的政治思想是强烈主张实行君主立宪，但是以上的变法措施却没有实行君主立宪的主张，由此可见变法法令其实是光绪皇帝和维新派相互妥协的结果。新政在推行的过程中遭到了顽固派的强烈抵制，许多官员对新政推脱应付，有的地方官员甚至直接拒绝推行。要使得新政内容真正落地，必须要进行官员的撤换，这就触动了以慈禧太后为首的顽固派的核心利益，因此遭到了他们的百般阻挠。慈禧太后对变法几乎是完全否定，1898年9月21日，发动政变，囚禁了光绪皇帝，并大肆搜捕维新派。9月28日谭嗣同、杨锐等六君子在京城菜市口被杀害，戊戌变法宣告失败。

戊戌变法是中国近代历史上的一次资产阶级改良运动，尽管后来被慈禧太后扼杀了，但是变法之前维新派对新思想的宣传以及变法过程中提出的改革主张，大大地推进了中国思想和制度向现代化方向的迈进。

戊戌变法推动了中国的思想解放运动。戊戌变法是中国近代史上的一次爱国救亡运动，也是一场思想启蒙运动。维新人士在变法之前就积极创办近代报刊、广泛建立政治性的社团、将旧式书院改造为近代意义的学校。通过这样的方式，他们将西方的科学知识以及社会政治学知识进行了有效的传播。他们宣传的天赋人权、人人平等的理念，促进了国民的觉醒，提高了全社会的民主意识，为国民重新认识世界、重新认识自己并成为自己的主人奠定了基础。同时它打开了百姓的眼界，也为后来人们接受不同的新思想、新理念扫除了障碍。尽管变法的时间只有短短的 103 天，但是维新运动却留下了许多宝贵的遗产。比如解放思想、自由平等、兴办学堂、提倡女学、建立社团等，变法所提出的一些思想并没有随着政变而消失。戊戌变法失败后，民主主义成为当时比较流行的社会思潮，一些地主阶级也开始接受新思想，还有大量的青年学生也倒向了革命的阵营。

戊戌变法还推动了清朝政府的制度变革。在戊戌变法期间，慈禧太后几乎对变法进行"一票否决"，也就是认为变法的所有内容都是错误的。两年后八国联军侵华，清军屡战屡败，损失惨重，慈禧太后带着光绪皇帝逃往西安。1901 年清朝政府被迫签订了丧权辱国的《辛丑条约》后，维新变法的呼声迅速再起。慈禧太后也开始反思当年对戊戌变法的镇压，开始有所醒悟，认为如果继续因循守旧，政府将无法扭转内忧外患的不利局面，之后慈禧太后开始推动新政改革。非常讽刺和滑稽的是，慈禧太后之后颁布的新政内容，有很大一部分都是直接抄袭当年光绪皇帝"戊戌变法"中的内容。也就是说美其名曰的"新政"，实际上就是将当年维新派实施的改革内容进行了推行。但是非常遗憾的是，当时社会各界对清朝政府已经彻底失望，此时推行"新政"为之晚矣，改革已经没有办法挽救清朝了。当时有人上疏："颁布宪政以八年为期，恐未至八年而天下事已败坏不可收拾。"① 后来此话一语中的。还有一点是慈禧太后绝对没有想到的，当年她推行的新政中有一项重要的改革内容，就是向西方学习，在全国编练新式陆军，本意是为了巩固清朝的统治，但是后来这些新军大部分成为坚定的反清武装力量。比如在武昌起义

① 李剑农. 最近三十年中国政治史［M］. 上海：上海太平书店，1930：153.

中向清王朝打响"第一枪"的首义之师，就是当年的湖北新军。

总的来讲，戊戌变法是中国近代史上一个非常重要的阶段。尽管变法时间很短，但是它对中国社会后期的影响却非常大。维新运动促进了思想解放运动，推动了知识分子由维新转向了革命，加速了清朝的解体，同时也标志着中国在思想观念上开始逐步迈向现代化。

三、辛亥革命开启中国制度现代化的探索

1911年10月10日，在同盟会的推动下，湖北境内最有影响力的两个革命团体共进会、文学社，以湖北新军为主力，在武昌发动了旨在推翻清王朝的武装起义。革命军占领了武昌，大获全胜。一时间各省纷纷响应，南方新军多数倒戈革命，之后革命风暴席卷全国，不到两个月的时间，全国就有14个省宣布独立。1912年1月1日，临时政府在南京建立，孙中山就任第一任临时大总统，中华民国宣告正式成立。2月12日清帝退位，统治中国几千年的君主专制正式结束。因为1911年是中国农历辛亥年，后人就把从辛亥年武昌起义到清帝退位的这段历史称作辛亥革命。辛亥革命是近代中国第一次最彻底的社会革命，它是之前仁人志士为寻求救亡图存道路不断斗争、前仆后继的结果，是一次比较完全意义上的民族民主革命，是中国人学习西方推进现代化的一个新的里程碑，开启了对中国制度现代化的探索。

作为中国民主革命的伟大先行者，孙中山一生都在为中国的独立和富强而奋斗，他热爱祖国，始终致力于振兴中华。但是在孙中山的文本语录中从来都没有出现过"现代化"这个词汇。"现代化"一词最早在中国出现的时间，大约是20世纪30年代，那个时候孙中山已经离世了。尽管孙中山没有用过这个词汇，但是这并不代表他没有"现代化"的思想。恰恰相反，从他的文字表达以及行动实践中，我们可以清晰地看到，他对如何推动中国现代化进行过深入的思考与探索。他提出学习现代文明以振兴中华，并且竭尽所能去付诸行动进行尝试。尤其是中华民国建立后，他的民主实践、实业建设，以及他晚年依然不忘以革命救中国，为中国寻找新的转机和出路，都体现了他强国富民的现代化思想。孙中山为中国实现现代化奋斗了一生。美国历史学家史扶邻曾明确指出："孙中山的卓越的崇高目标是迅速使中国现代化，与世界各国地位平等。"[①]

孙中山并不是天生的革命派，一开始他改变中国的眼光还是很温柔

---

① 史扶邻. 孙中山与中国革命（下）[M]. 太原：山西人民出版社，2010：491.

的，他也曾寄希望于通过改良的手段来实现中国的现代化。他知道和革命相比，改良的方式对国家的破坏会小些。他曾多次谈到，革命不是目的而只是手段，是迫不得已的手段，不到万不得已不要革命。事实上到 1894 年的时候，孙中山依然还在改良和革命的十字路口徘徊。此时的他尽管准备开始从事革命工作，但是依然还在试图推动清朝政府进行改良。在中日甲午战争期间，孙中山曾上书李鸿章，提出了一个温和的改良主张，希望能充分开发社会资源，做到人尽其才、物尽其用。但是当时李鸿章对此的态度却非常冷淡，孙中山感到非常失望，认识到依靠这批人来改变中国是不可能了，从此他彻底放弃了改良清朝的幻想。由此可见，孙中山的革命道路是在改良之路走不通的情况下迫不得已的选择，革命的目的就是实现现代化。

1894 年 11 月，孙中山在美国檀香山创建兴中会——中国第一个资产阶级革命团体，他和战友们第一次发出了"振兴中华"的呐喊。在兴中会章程中，孙中山第一次提出要用革命的手段推翻清政府，建立民主共和国的目标。从此以后，孙中山坚定地走上了革命道路。他树立起革命党的旗帜，开始采取武装斗争的手段来推翻封建君主的专制统治。革命党人积极宣传革命主张，并着手策划武装斗争，先后在各地组织并发动了一系列的武装起义。从 1894 年兴中会成立到 1911 年武昌起义前夕，以孙中山为首的革命党人进行了十几年的不懈斗争，发动了十多次的武装起义。尽管这些起义很快都失败了，但正是这些持续不断的武装起义，给予了清朝政府沉重的打击，同时也深深地动摇其统治根基。革命党人凭借不怕牺牲、屡败屡战的革命精神，在全国民众中提高了威望，也扩大了革命的影响力。尤其是 1911 年 4 月的广州黄花岗起义，重新唤起了人民的觉醒，也再次给予了清朝政府沉重的打击，促进了革命高潮的早日到来。

辛亥革命是 20 世纪中国大地上发生的首次历史性巨变，它结束了中国几千年封建王朝的专制统治，树起了民主共和的旗帜，标志着中国由传统社会转向现代社会，开辟了中国历史新纪元。尽管由于中国民族资产阶级力量的软弱，在帝国主义和封建势力的强大压力下，以孙中山为首的南京临时政府仅仅存在了 90 多天，就被袁世凯的北洋政府所取代，但是孙中山领导的辛亥革命以及之后孙中山为国家奋斗终生的不懈努力，对于推动中国现代化的进程具有深远的历史意义。

首先，辛亥革命正式开启了中国政治现代化之路。1912 年 1 月南京临时政府的成立，标志着中国成为亚洲第一个民主共和国家。孙中山就任临时大总统之后，开始了中国政治现代化的实践探索。参照西方国家的共和制度，根据权力制衡的理念，成立了临时参议院，同时组织制定选举法，并于3月11日颁布了《中华民国临时约法》（以下简称《临时约法》），对国家政治生活中的民主原则，采取法律的形式予以规范。《临时约法》规定，中华民国的主权属于全体国民，中华民国人民没有种族、宗教区别，一律平等，人民享有人身、言论、集会、居住、信仰、结社等自由。孙中山还对主权在民提出新的要求，他强调官员要以人民为主体，"只尽其能，不窃其权，予夺之自由，仍在于人民，是以人民为主体，人民为自动者。"[①]从君权神授到主权在民、人人平等，这在中国的现代化进程中具有划时代的意义。《临时约法》参照美国、法国的三权分立、代议政治原则，设立了立法、司法、行政的政治体制，对参议院、总统、国务院、法院各自的权限予以规定。同时确立了责任内阁制，从法律上对总统的权力和任期进行了限制。《临时约法》是中国第一部资产阶级宪法性质的文件，是中国历史上的伟大创举。孙中山领导的南京政府在短短90多天的时间里，颁布了一系列革故鼎新的政策法令，推行了政治、经济、社会、教育等多方面的革新措施。总之，辛亥革命胜利后建立的中华民国，将中国正式拉进了民主共和的轨道。

其次，辛亥革命推进了中国民族工业的快速发展。孙中山既是一个革命家，也是一个经济家。早年的孙中山希望通过发展实业实现中国富强，但是历史没有给他这样的机会。他毅然走上革命道路后，还多次强调建设是革命的唯一目的。辛亥革命成功之后，孙中山希望能有一个和平的环境来进行国家的经济建设。民国初年，南京临时政府出台了一系列促进实业发展的政策法令，在一定程度上推动了民族资本的发展。孙中山被迫辞去临时大总统职务后，尽管他的政治人生跌宕起伏，但他始终没有放弃对祖国建设蓝图的设计。当年他曾对袁世凯讲，希望他当了大总统后，十年之内能练十万兵，而他自己则在十年之内修出十万公里铁路。之后他致力于实业救国事业，并且撰写了《实业计划》，提出了中国经济的十年远景规划。在政策的鼓励和支持下，民族资本发展势头高涨，从1912年到1922年，中国民族工业开启了十年的黄金发展期。这一时期，无论是从增长速度还是投资规模上看，都是中国民族工业发展最快的一个时期。从1914年到1919年，年平均投资额和开设新厂数量均比此前20年增长1倍多，民族产业资本的年平均增长率达到了10.5%。这段时间，作为工业基础的煤炭、电力、机器修造等产业也实现了快速发展。第一次世界大战结束后，西方列强卷土重来，中国民族工业再次

---

① 孙中山全集（第二卷）[M]. 北京：人民出版社，2015：202.

受到了压迫，黄金增长期结束了。尽管辛亥革命带来的民族工业快速发展期是短暂的，但是它极大地促进了实业救国思想的传播，推动了中国经济现代化的进程。

最后，辛亥革命拓宽了国民探索救国道路的视野。作为一场伟大的民主革命，辛亥革命的胜利，让全体国民接受了一次难得的民主主义的洗礼。中华民国建立后，随着一系列充满民主共和精神的措施推行，尤其是《中华民国临时约法》的颁布，人民慢慢地认识到，原来几千年"神授君权"的专制统治并不是天经地义的，是可以推翻并且用民主的方式来替代的。正是因为民主共和的思想深入人心，1915 年当袁世凯倒行逆施悍然称帝时，遭到了多方势力讨伐，称帝八十多天后在全国人民的唾骂声中忧愤成疾、不治而亡。辛亥革命后，专制枷锁的破除使得人们的思想获得了极大的解放，也开启了中国进步潮流的闸门。各种主义、各种思想开始广泛流传，各阶级、各阶层都有机会在中国的舞台上亮相。过去被封建统治阶级看成洪水猛兽并且遭到严厉打击的政党组织也如雨后春笋般发展起来，吸引和动员了更多的群众参与到政治生活中来。辛亥革命后，人民对革命的追求连绵不绝，革命的洪流势不可当。人民在各种思想和主义的反复比对中，试图寻找到一条正确的救国道路。后来在新文化运动和五四运动的推动下，马克思主义的科学性和革命性，得到越来越多进步人士的青睐。中国的先进分子也逐渐抛弃对资产阶级民主主义的信仰，最终选择了马克思主义，并组建了马克思主义政党来领导中国工人阶级运动。从此，中国无产阶级政党开始走上政治舞台。

综上所述，辛亥革命推翻了封建专制的统治，在中国社会中产生了巨大的反响。特别是它深入人心的民主化普及教育，斩断了中国社会后退的可能。它告诉人们，历史发展可能不会那么径情直行，但是一定会按照一定的规律朝着进步的方向前进。当然从根本上看，辛亥革命最终失败了，它没有解决中国社会当时所面临的基本问题。早期的中国共产党人有很多都参加过辛亥革命，他们在辛亥革命的失败中逐渐意识到，在帝国主义、封建势力都非常强大的条件下，靠资产阶级领导革命建立民主共和国的道路走不通了。中国革命必须有新的领导带领人民重新探索救国救民的新道路。林伯渠在 1941 年回顾自己的思想变化时，曾经讲过这么一段话："辛亥革命前觉得只要把帝制推翻便可以天下太平，革命以后经过多少挫折，自己所追求的民主还是那样的遥远，于是慢慢地从痛苦经验中，发现了此路不通，终于走上了共产主义的道路。这不仅仅是一个人的经验，在革命的队伍里是不缺少这样的人的。"①

第四讲　中国共产党对中国式现代化的实践探索

2023 年 2 月 7 日，在学习贯彻习近平新时代中国特色社会主义思想和党的二十大精神研讨班上，习近平总书记聚焦中国式现代化作了开班第一讲。总书记指出，党的十八大以来，我们党对中国式现代化有了进一步深化的认识，在党的二十大报告中，对中国式现代化理论进行了深入阐述。在全面系统回顾我们党一百多年奋斗历史的基础上，习近平总书记总结了我们党在不同历史阶段对中国式现代化道路所做的卓越贡献，他强调："中国式现代化是我们党领导全国各族人民在长期探索和实践中历经千辛万苦、付出巨大代价取得的重大成果，我们必须倍加珍惜、始终坚持、不断拓展和深化。"② 对中国式现代化理论的系统阐述，是党的二十大的重大理论创新，同时也是科学社会主义的最新理论成果，表明我们中国共产党人对中国式现代化道路规律的认识已经达到一个新的理论高度。

一、新民主主义革命时期的现代化探索

鸦片战争以后，中国人在落后挨打的悲情中被动地提出了中国现代化的问题，开启了对中国现代化道路的各种探索。洋务运动、戊戌变法、辛亥革命，无数的中国有识之士前仆后继，希望能找到一条适合的现代化道路，进而推动中华民族的伟大复兴，但最后都以失败告终。伟大的革命先行者孙中山先生，一生念念不忘要振兴中华，但是最后徒留怅然，没有看到民族振兴的那一天。辛亥革命失败后，中国的先进分子再一次沉浸在苦闷和彷徨之中，再一次开始探索和寻找新的出路。在对各种主义思想反复比较分析之后，中国的先进分子最终选择了马克思的科学社会主义，并在它的指导下建立了马克思主义政党。1921 年党的一大胜利召开，标志着中国共产党正式成立。可以看到，在国家最黑暗、人民最无望的时候，1921 年 7 月，一批年轻人（党的一大召开时全国仅有五十多名党员）走上了中国的政治舞台，开始带领人民寻找救国的道路。2021 年 7 月 1 日，在庆祝中国共产党成立一百周年大会上，习近平总书记发表了重要讲话。他指出："中国共产党一经诞

① 林伯渠．荏苒三十年 [N]．解放日报，1941-10-10．

② 习近平在学习贯彻党的二十大精神研讨班开班式上发表重要讲话强调 正确理解和大力推进中国式现代化 [N]．人民日报，2023-02-08（1）．

生，就把为中国人民谋幸福、为中华民族谋复兴确立为自己的初心使命。一百年来，中国共产党团结带领中国人民进行的一切奋斗、一切牺牲、一切创造，归结起来就是一个主题：实现中华民族伟大复兴。"①

在当时的背景下，实现民族复兴，必须完成两大历史任务：第一，民族独立、人民解放；第二，国家富强、人民富裕。第一大任务是第二大任务的前提和基础，也就是说，只有解决了民族独立的问题，国家的繁荣和富强才有可能实现。因此，中国共产党成立后，首当其冲的任务就是带领人民开始反帝反封建革命。随着革命斗争的深入，我们党对一些问题的认识也逐步的深化。1940年初，在总结建党以来历史经验的基础上，毛泽东同志发表了《〈共产党人〉发刊词》《新民主主义的政治与新民民主主义的文化》《新民主主义论》等一系列文章，把马克思主义的基本原理同中国的具体实际相结合，正式提出了新民主主义理论，第一次系统地回答了中国民主革命和未来新中国建设的一系列问题。

在这一时期，毛泽东同志提出并阐明了新民主主义理论，这并非偶然之举。众所周知，1935年遵义会议之前，中国革命遭遇了很多挫折，原因很多也很复杂。但是其中有一个非常重要的原因，就是当年我们没有真正认识中国的国情，没有认识到中国革命的性质、目标、依靠的力量和方式与其他国家是不同的。我们过于教条式地套用俄国革命的经验，盲目地听从共产国际的指示，结果使自己陷入了困境。1962年1月，毛泽东同志在扩大的中央工作会议上的讲话中指出："如果有人说，有哪一位同志，比如说中央的任何同志，比如说我自己，对于中国革命的规律，在一开始的时候就完全认识了，那是吹牛，你们切记不要信，没有那么回事。过去，特别是开始时期，我们只是一股劲儿要革命，至于怎么革法，革些什么，哪些先革，哪些后革，哪些要到下一阶段才革，在一个相当长的时间内，都没有弄清楚，或者说没有完全弄清楚。"② 后来到了抗日战争时期，中国共产党已经经历了大革命、土地革命以及抗战爆发以来的大风大浪，失败的教训和成功的经验，让中国共产党在政治上日渐成熟。这一时期，毛泽东同志将马克思主义基本原理和中国革命的实际情况结合起来，写出了上述一系列文章，对中国革命的一系列重大的理论问题作出了系统的阐述。毛泽东同志后来讲，这些文章、这些认识在之前是不可能产生的，只有当我们经历了失败与胜利的比

① 习近平. 习近平著作选读（第二卷）[M]. 北京：人民出版社，2023：477.
② 毛泽东. 毛泽东著作选读（下册）[M]. 北京：人民出版社，1986：826.

较，才有可能真正的弄明白中国革命的规律。因此，新民主主义理论是在对革命经验总结的基础上形成的。

至于毛泽东同志当时为什么将中国革命的经验命名为新民主主义理论，这与当时中国特殊的历史背景是分不开的。抗战爆发以后，为了建立抗日民族统一战线，我们党的政策也及时作出了重大调整，第二次和国民党展开合作。中国共产党开始走出了曾经被严密封锁的狭小空间，逐渐走上了公开的政治舞台，也受到了越来越多人的关注。尽管我们真心维护抗日民族统一战线，但是随着八路军、新四军的不断壮大以及我们党政治影响的扩大，国民党开始加快实行反共政策，不断制造军事摩擦，提出"一个主义、一个政党"，要求我们党收起自己的旗帜，归入他们的麾下。而此时全国的各阶级、各阶层也都非常希望了解中国共产党对一些重大理论问题的独特见解。比如说，抗战胜利后中国共产党要建立一个什么样的国家？要采取什么样的治国方略？面对"中国向何处去"这样一些历史之问，中国共产党必须给出自己的看法，表明自己的观点和立场，以回应大家对这些问题的密切关切。在这样的背景下，毛泽东同志写下了上述文章，系统地阐述了新民主主义理论的主要内容。

谈到新民主主义理论，很多人认为它是毛泽东同志当年提出的关于指导中国革命的理论，而不是用来指导中国现代化建设的理论。事实上，新民主主义理论与中国的现代化建设也密切相关。新民主主义理论，不仅成功地指导中国革命取得了胜利，而且还明确回答了在中国这样一个经济欠发达的农业国家，革命胜利后如何进行现代化建设的这样一些重大问题。毛泽东同志在新民主主义理论中第一次提出了现代化建设的纲领、目标、途径，明确了中国现代化的道路和方向，使得现代化在中国从空想变为现实成为可能。

关于现代化建设的纲领，就是新民主主义革命的纲领。毛泽东同志在新民主主义理论中明确提出，未来建立的新国家不能是封建法西斯主义，也不能是西方的资本主义社会。未来中国要建立新民主主义国家，而新民主主义最终要过渡到社会主义。也就是说新民主主义的"新"就新在，它的前途是社会主义。中国前进的方向是社会主义。实现现代化是中国人民的百年梦想，在追赶现代化潮流的道路上，中国的仁人志士向西方学习的不少，但是行不通，"老师"总是打学生。毛泽东同志对中国的国情进行了深刻的分析，他指出，中国是一个农民占绝大多数人口的国家，经济文化十分落后，小农经济对中国社会的影响又根深蒂固，同时又面临着帝国主义的压迫和侵略。在这样的国家要想实现现代化，必须通过革命彻底推翻帝国主义和封建势力对百姓的奴役和统治，从而改变生产关系以推动生产力的发展，这是中国实现现代化最基本的前提条件。毛泽东同志又进一步指出，中国的革命必须分两个阶段。第一个阶段，通过新民主主义革命，建立一个无产阶级领导下的各革命阶级联合专政的新民主主义社会；第二个阶段，通过社会主义革命，最终建立社会主义社会。

新民主主义理论中还包括未来革命胜利后现代化建设的目标，这个目标是全面的，不仅包含着经济现代化，还包括政治以及文化现代化。这三个方面，构成了中国现代化的基本布局。

从政治现代化的目标来看，毛泽东同志的基本构想是，推翻反动统治后，未来要建立一个新民主主义共和国，也就是无产阶级领导下的一切反帝反封建阶级联合起来共同专政的民主共和国。首先，这个新民主主义共和国区别于欧美资产阶级专政共和国，欧美国家是已经过时的旧民主主义共和国；其次，它也不同于苏联无产阶级专政的社会主义共和国，尽管这种形式是未来一切先进国家发展的方向，但是它并不适合殖民地半殖民地国家的革命方向。对于殖民地半殖民地国家来讲，在一定历史时期最适合的形式，就是新民主主义共和国。毛泽东同志进一步指出，新民主主义国家的国体是各革命阶级联合专政，政体是民主集中制。

从经济现代化的目标来看，毛泽东同志充分地肯定了发展和利用资本主义对现代化建设的重要性。他指出，在城市要节制资本，关系到国计民生的行业，比如说银行、铁道、航路等，要由国家经营管理，使之成为国民经济的领导力量。但是因为中国经济还十分落后，不操纵国计民生的资本主义生产不仅不能禁止，还要鼓励它们的发展。在农村，要实行孙中山先生当年提出的"耕者有其田"的目标，采取必要的手段将没收的土地，分给无地或少地的农民。在这个基础上，发展各种具有社会主义性质的合作经济。总之，新民主主义经济，要走"节制资本"和"平均地权"的道路。

从文化现代化的目标来看，毛泽东同志认为新民主主义文化要以无产阶级的社会主义文化为领导，应该以人民为中心，关注人民的利益，满足人民的精神和文化需求。毛泽东同志强调新民主主义的文化应该具有民族性。他认为，中国是一个多民族的国家，新民主主义的文化应该尊重和保护各个民族的文化传统和习俗。同时，他也强调了应该吸收外国进步文化，但是不能毫无批判地接收，要取其精华、去其糟粕。新民主主义文化还应该具有科学性。他认为，科学是推动社会进步的重要力量，新民主主义的文化应该倡导科学精神和理性思维，鼓励人们以实证和客观的态度对待问题，追求真理和知识。最后毛泽东同志强调新民主主义文化还应该具有大众性。他认为，文化应该普及到广大人民群众中，让人民能够参与和享受文化的成果。他倡导文化的大众化，反对文化的精英化，鼓励人民群众的创造力和艺术表达。

新民主主义理论还阐述了实现中国现代化的根本途径。毛泽东同志指出，中国现代化的根本途径是工业化。毛泽东同志深刻地认识到，一个国家要实现现代化，必须建立起现代化的工业体系。因为工业化能够带动经济的快速增长，提高生产力水平，推动技术进步和创新，为国家的现代化提供强大的支撑。另外，通过工业化的发展，可以提供更多的商品和服务，改善人民生活水平。最后，通过发展工业，国家能够提高自身的技术水平和产业竞争力，增强国家的自主发展能力，减少对外依赖。工业化对于保障国家的独立和提升国家的国际地位至关重要。1944 年 5 月，毛泽东同志在陕甘宁边区工厂职工代表会议举行的招待会上发表讲话，他再一次强调了工业化的重要性："要打倒日本帝国主义，必须有工业。要中国的民族独立有巩固的保障，就必须工业化。"①

在新民主主义革命时期，毛泽东同志对于中国现代化的探索虽然还处于初步阶段，但是新民主主义理论为中国的现代化建设提供了理论指导。后来的实践证明，1949 年新中国成立后，在新民主主义阶段，政治、经济、文化确实是按照毛泽东同志当年的构想发展的。新民主主义理论为人们描绘了一幅清晰的革命和国家建设的路线图，该理论的提出也表明中国共产党人真正实现了马克思主义的中国化。在新民主主义理论的指导下，中国人民成功地找到了一条适合自己的现代化道路，那就是通过新民主主义革命建立新民主主义社会，并逐步实现向社会主义社会的过渡。

对于我们党在新民主主义革命阶段对中国现代化的贡献，习近平总书记给予了高度评价。他说："在新民主主义革命时期，我们党团结带领人民，浴血奋战、百折不挠，经过北伐战争、土地革命战争、抗日战争、解放战争，推翻帝国主义、封建主义、官僚资本主义三座大山，建立了人民当家做主的中华人民共和国，实现了民族独立、人民解放，为实现现代化创造了根本社会条件。"②

---

① 黄浩涛. 抗日战争胜利的历史启示 [N]. 光明日报，2015-08-29 (7).
② 习近平在学习贯彻党的二十大精神研讨班开班式上发表重要讲话强调 正确理解和大力推进中国式现代化 [N]. 人民日报，2023-02-08 (1).

二、社会主义革命和建设时期的现代化探索

从 1921 年到 1949 年，中国共产党人凭着满腔热血、不变初心，带领人民进行了 28 年的浴血奋战，最终完成了新民主主义革命，建立了新中国。新中国的成立标志着我们完成了民族复兴的第一大历史任务——民族独立、人民解放。由此可见，尽管救亡这个命题不是中国共产党人首先提出的，但是救亡这个命题终结于中国共产党人。新中国的成立，标志着民族复兴进入了崭新的阶段——国家富强、人民富裕。中国共产党开始带领人民正式踏上现代化建设的新征程。

必须要指出的是，新中国成立之初，我们的现代化建设面临着异常严峻复杂的国内国际挑战。

从国内来看，我们的家底很薄，用"一穷二白"这个词来描述当时的国情绝对不夸张。当时亚洲的人均国民收入是 44 美元，而中国只有 27 美元。新中国成立之初中国的贫困人口数量庞大，据估计超过 80% 的人口生活在极度贫困线以下，每天只能获得非常有限的食物和基本生活用品。从 1840 年至 1949 年的这 109 年间，中国对外共签订了大大小小 1000 多个不平等条约，各帝国主义列强直接、间接掠夺了我国大量的有形和无形财富。新中国成立之初，我国钢产量仅有 15.8 万吨，还不够给全国的女同志每人打一根钢发卡；老百姓点的煤油灯基本上都是进口的石油，当时叫"洋油"；墙上钉的钉子也靠进口，老百姓称为"洋钉"。蒋介石当年逃往台湾时，带走了几乎所有的外汇储备和黄金。新中国成立之初毛泽东同志曾非常感慨地说："现在我们能造什么？能造桌子椅子，能造茶碗茶壶，能种粮食，还能磨成面粉，还能造纸，但是，一辆汽车、一架飞机、一辆坦克、一辆拖拉机都不能造。"[①] 总的来说，新中国成立之初，我们是世界上最贫穷的国家之一。

从国际来看，帝国主义国家对我们政治孤立、经济封锁、军事威胁。政治孤立表现在，1949 年新中国成立时，我们其实没有得到足够的外交承认。因为联合国的承认是最基本的外交承认，但是我们一直到 1971 年才恢复了联合国的合法席位，才算真正有了"球籍"；经济封锁表现在，新中国成立之初各帝国主义列强给我们开出的产品和技术的禁运名单，比给苏联和东欧社会主义国家列的还要多 500 多项；军事威胁表现在，1950 年 6 月 25 日朝鲜战争爆发，6 月 27 日，美国第七舰队开进台湾海峡，同时杜鲁门总统提出了"台

---

① 毛泽东. 毛泽东著作选读（下册）[M]. 北京：人民出版社，1986：712.

湾地位未定"的说法，从 8 月起美军飞机不断入侵中国领空，多次轰炸中国东北边境，企图将战火烧到我们国内。

由此可见，新中国在成立之初，面对着比世界上任何国家现代化建设都更为严峻的挑战，但拥有比任何国家都更加强烈的民族复兴意志。在这样的背景下，中国共产党带领人民开始了现代化建设的艰辛探索。

1954 年 9 月 23 日，周恩来同志在第一届全国人民代表大会第一次会议上所作的《政府工作报告》中明确提出，要把我国建设成为具有强大的现代化的工业、农业、交通运输业和现代化国防的社会主义国家，这是我们党在正式文献中首次提出四个现代化的概念。但是必须指出的是，尽管当时提出了四个现代化的目标，但是事实上，我们党当时更加重视的是工业化。因为在 20 世纪 50 年代，反映一个国家富裕发达最重要的标志是工业化程度。早在 1944 年 5 月，毛泽东同志在陕甘宁边区举行的一次招待会就曾经指出，我们共产党人一定要致力于实现现代化，如果我们解决不了经济问题、建立不了新式工业，那么人民不一定会拥护我们。1949 年 3 月，在解放战争即将取得全国胜利的前夕，中国共产党在河北省平山县西柏坡召开了著名的七届二中全会，毛泽东同志在这次全会上的讲话中明确提出，中国共产党执掌全国政权后，要把中国建设成为一个强大的工业化国家。那么如何实现工业化？我们到底应该选择一条什么样的工业化道路？

回顾历史可以发现，世界各民族实现工业化的道路主要有三条。第一条是以英美早期工业化国家为代表的工业化道路。这条工业化道路的特点是，先发展轻工业，经过一段时间的资本积累，然后再发展重工业。以英美为代表的国家采用这条道路，实现工业化大概用了 80 年到 100 年左右的时间。第二条是以德国、日本为代表的工业化道路，它的特点是国家投资重工业（特别是军工业）、民间投资轻工业。采用这条道路实现工业化，大概用了五六十年的时间。第三条是以苏联为代表的工业化道路，这条道路最鲜明的特征就是优先发展重工业。苏联当年之所以采用这样的工业化道路，是和十月革命后它面临的巩固国防、保卫社会主义国家的压力密切联系在一起的。1917 年十月革命爆发之后，在长达 40 年的时间里，全世界只有苏联一个社会主义国家。当时苏联面临的外部压力非常大，西方国家也曾经在十月革命之初，通过各种方式，甚至派出军队来干涉十月革命。苏联当年要保卫自己胜利的果实，必须要有巩固的国防，而国防的基础就是重工业。所以当年斯大林讲，要采用优先发展重工业的方式，力争用 15 到 20 年的时间，完成西方发达国家 50 年到 100 年的工业化建设。最后苏联选择了优先发展重工业，在短期内建成了完整的工业体系，也为其后来在第二次世界大战中打败德国奠定了坚实的物质基础。

新中国成立后，我们同样也面临着工业化道路的选择问题。基于新中国成立之初我国工业基础薄弱，国家资金匮乏，我们曾经设想优先发展轻工业和农业，一方面可以提高人民的生活水平，另一方面也可以为重工业积累一定的资金，然后再发展重工业。但是 1950 年朝鲜战争爆发后，在朝鲜战场上同以美国为首的联合国军队的较量中，武器装备的落后对战局的影响再一次让我们意识到国防现代化的重要性。我们党的领导人开始更多地考虑要尽快发展重工业，增强我国的国防力量，以抵御敌人的侵略。这一时期，苏联采用优先发展重工业战略取得的成就被全世界关注，对于同样是属于共产党执政的新中国而言，有着更为亲近的示范作用。最后综合分析各方面因素，党中央决定借鉴苏联模式，选择优先发展重工业的工业化道路。

从 1953 年开始，在优先发展重工业基本方针的指导下，我国的"一五"计划在编制的过程中同步开始实施。这一时期，经济发展势头良好，尤其是随着当年苏联援建的 156 个重大工程项目的实施，包括飞机、发电设备、精密仪表、汽车、石化、装备制造等项目，完善了我国的工业门类，为中国的工业化奠定了初步的基础，同时也为社会主义现代化建设积累了宝贵的经验。到 1957 年底，"一五"计划的各项指标几乎都超额完成，我国的工业生产能力和技术水平都得到了很大的提升。"一五"计划时期，我国年均经济增速 10.9%，工业产出的年均增速更是高达 18.7%，五年期间的工业生产所取得的成就，远超旧中国的一百年。这一时期也是改革开放前我国经济发展最好的一个时期。

在"一五"计划实施期间，"二五"计划也开始编制。1956 年，党的八大正式通过由周恩来总理主持编制的"二五"计划。实事求是地讲，"二五"计划最初编制还是非常符合客观实际的，但是后来由于冒进思想的影响，"二五"计划中的许多指标后期被不断调整提高。1958 年 2 月，《人民日报》发表社论，明确提出要鼓足干劲、力争上游，国民经济发展要全面"大跃进"。1958 年 5 月召开的党的八大二次会议，通过社会主义建设的总路线，提出用 15 年的时间赶上和超过英国的目标。会后会议精神很快传达到基层，"大跃进"运动在全国范围展开并很快进入了高潮。尽管我们党发动"大跃进"运动的初衷是希望加快建设速度，尽快地改变中国贫穷落后的面貌，让老百姓早日过上幸福的生活，但是由于脱离了当时中国生产力水平的实际情况，严重违背了经济社会发展的客观规律，对社会生产力造成了极大的破坏，给国家和人民带来了巨大的损失，也使得社会主义现代化建设遭到了严重挫折。

1961 年 1 月，党的八届九中全会召开，重点讨论李富春作的关于国民经济发展情况的报告。报告分析了当前国民经济存在的困难及原因，提出"调整、巩固、充实、提高"八字方针，建议从 1961 年起对国民经济进行调整。这次全会通过了李富春的报告，并作出从 1961 年起国民经济建设转入调整阶段的决定，以战胜"大跃进"带来的经济发展不平衡问题。之后随着经济调整方针的贯彻落实，在党中央的领导下，我们胜利完成了调整任务，国民经济逐步得到了恢复，人民的生活水平也得到普遍的改善。

1964 年 12 月，第三届全国人民代表大会第一次会议在北京召开。周恩来在政府工作报告中高度评价了国民经济调整所取得的重大成就，宣布调整任务已经基本完成。周恩来在政府工作报告中再一次提出了"四个现代化"的战略目标，提出争取用不太长的时间，把我国建成一个现代农业、现代工业、现代国防和现代科学技术的社会主义强国。为了实现四个现代化的目标，周恩来在这次政府工作报告中还提出了"两步走"的战略安排。第一步，从 1965 年开始，经过三个五年计划的时间，建成一个独立的、比较完整的工业体系和国民经济体系；第二步，在 20 世纪内全面实现"四个现代化"，使中国经济赶上世界先进水平。"四个现代化"目标的再次提出，极大地鼓舞了全国各族人民干劲，也成为凝聚全国人民共同奋斗的精神力量。

从新中国成立到 1978 年改革开放前夕，中国共产党领导人民进行现代化建设取得了巨大成就。尤其是这一时期的一些突出业绩的取得，为改革开放后的现代化建设奠定了坚实的物质基础，提供了强大的精神力量。这主要表现在以下几个方面。

第一，打赢了抗美援朝战争。1950 年 6 月 25 日，朝鲜内战爆发。6 月 26 日，美国调动部队进入朝鲜，同时派遣第七舰队入侵台湾。27 日美国总统杜鲁门发表"台湾地位未定"的声明。从 8 月 27 日起，美国飞机频频飞过中朝边境，轰炸我国东北地区，我国的安全受到了严重的威胁。从 9 月起，中国政府多次警告美国，中国人民绝对不会容忍外国的侵略，如果美国军队越过三八线，中国不会坐视不管。10 月 7 日美军越过三八线，并迅速向中朝边境推进。在遭受严重打击的背景下，朝鲜首相金日成多次请求我国出兵支援。当时的新中国成立刚刚一年的时间，经济恢复刚刚开始，资金状况也非常困难。1950 年我国的经济总量只有 100 亿美元，武器装备依然处于"小米加步枪"的水平。而同一时期美国的经济总量已高达 2800 亿美元，除此之外，美国还拥有包括原子弹在内的众多的现代化武器。如果出兵，面对的是以美国为首的武装到牙齿的联合国十六军，敌我力量对比相当悬殊，能不能打赢？会不会惹祸上门？但是如果不出兵，美国占领朝鲜后，强兵压到中朝边境，中国将难以获得一个安定的环境来进行国家建设。党中央反复权衡利弊，最终作出了出兵朝鲜进行抗美援朝、保家卫国的决定。

1950 年 10 月 19 日，中国人民志愿军在夜幕的掩护下，跨过鸭绿江进入朝鲜战场。在抗美援朝战争中，志愿军同朝鲜人民军一起，与世界上最强大的军队进行了异常激烈的战争，最终经过两年零九个月的浴血奋战，迫使美军退回到战争的起点三八线。抗美援朝战争的胜利，打出了新中国的国威和军威，戳穿了美国不可战胜的神话，维护了亚洲与世界的和平。联合国军总司令克拉克将军，后来在回忆录中写道："我是美国历史上第一个在没有取得胜利的停战协定上签字的司令官。"这场战争的胜利对中国来讲意义重大，它让西方帝国主义国家深刻地认识到中国人民真正站起来了，也为中国创造了之后长久的和平发展环境。彭德怀在战争结束后十分感慨地讲："西方侵略者几百年来只要在东方一个海岸线上架起几尊大炮就可霸占一个国家的时代是一去不复返了。"① 在朝鲜战场上，广大志愿军指战员不畏强暴、敢于斗争、善于斗争，以弱胜强，创造了伟大的抗美援朝精神。直到今天，抗美援朝精神仍然激励着我们为现代化建设而不懈奋斗。

第二，国防尖端科技取得突破性进展。新中国成立之初，我们曾经向苏联表达过自己想研发原子弹的心愿，希望能得到苏联的帮助，但是当时斯大林委婉地拒绝了。斯大林当年指出，原子弹工程很费钱，也很费电，当时中国电力短缺严重，就算把全中国的电力全部都用在原子弹工程上也不够用。斯大林当年还说，社会主义国家有一把核保护伞就可以了，如果中国受到核威胁，苏联会给予帮助。但是毛泽东当时的想法是，在当今世界，要想不受人欺负，就必须得有这些东西。因为原子弹的威力实在是太厉害了，1945 年 8 月美国向日本投了两颗原子弹，日本几十万人瞬间丧生。尤其是在抗美援朝战场上，美国人没有占到我国什么便宜，多次对我国进行核威胁、核讹诈。1956 年党中央决定重点突破尖端技术，研制"两弹一星"，以抵御帝国主义对我国的武力威胁。

我国研制原子弹、导弹之初，曾经得到过苏联的援助，尽管这些援助是有限度和有条件的，但是对于我们研究的起步起到了非常重要的作用。但是

---

① 中共中央文献研究室编 . 建国以来重要文献选编（第 4 册）［M］. 北京：中央文献出版社，1993：379.

好景不长，1959 年 6 月苏联单方面撕毁合同，宣布中断对我们的援助，之后又将所有的苏联在华专家撤走。这一时期，我国正面临着严重的经济困难，党内对是否要坚持这些国防尖端科技项目意见不一致。当年有的同志主张下马或暂停这些项目的研制，理由是当前经济困难，这些项目又太烧钱，在没有苏联帮助的情况下，靠我们自己的力量恐怕难以成功，更何况恢复国民经济、研制常规武器都需要花钱。但是还有一些同志坚决表态，认为这些尖端技术坚决不能下马，要坚持搞下去。陈毅元帅当年讲，就是把裤子当了，我们也要咬着牙搞原子弹工程。张爱萍将军指出，就算我们再穷也必须要有一根打狗棍。最后党中央决定自力更生搞尖端技术，为了激励我们自己，后来把原子弹工程命名为"596"工程。

在这样的艰难困苦的背景下，一大批优秀的科技工作者，包括很多在国外已经有杰出成就的科学家，积极响应党和国家的召唤，怀着满腔的热情走入戈壁荒滩、深山峡谷，隐姓埋名义无反顾地投入到这项伟大的事业中来。他们和广大的干部职工、解放军指战员一起，自力更生，发愤图强，用较短的时间突破了原子弹、导弹、人造卫星等国防尖端技术。1964 年 10 月 16 日，我国第一颗原子弹爆炸成功；1967 年 6 月 17 日，第一颗氢弹爆炸成功；1970 年 4 月 24 日，第一颗人造卫星发射成功。"两弹一星"的辉煌成就，有力地提高了我国的国际地位，带动了我国现代科技的发展，同时也培养了一批高素质的科技人才，为我国实现技术发展的跨越储备了技术力量。1988 年邓小平同志深刻指出："如果六十年代以来中国没有原子弹、氢弹，没有发射卫星，中国就不能叫有重要影响的大国，就没有现在这样的国际地位。这些东西反映一个民族的能力，也是一个民族、一个国家兴旺发达的标志。"[①]

第三，建成独立完整的工业体系和国民经济体系。新中国刚成立时一穷二白，为了改变国家贫困落后的状态，党中央认为要尽快建立一个独立完整的工业体系和国民经济体系。当时在建立独立自主的工业体系方面，中国同苏联有过争论。苏联认为中国不需要搞完整的工业体系，当年斯大林认为，社会主义国家可以按照各自的优势，在经济建设中进行分工合作以实现互利共赢。但是毛泽东同志深谋远虑，他认为中国这么大一个国家，革命主要靠自己，社会主义现代化建设也得主要靠自己，以防以后出现拿钱也买不到的情况。最后毛泽东同志下决心要把独立完整工业体系和国民经济体系的建立作为国家工业化标准之一，并说服了苏联对我国进行帮助。从"一五"

---

① 邓小平. 邓小平文选（第三卷）[M]. 北京：人民出版社，1993：279.

计划开始，在苏联的援建下，我们逐步建成了一批门类齐全的基础工业项目。尽管后来经历了两次曲折，但是在毛泽东同志有生之年，独立完整的工业体系和国民经济体系基本建成，布局也大致合理，为中国改革开放和后期的进一步发展奠定了坚实的工业基础。

2020 年党的十九届五中全会提出，要加快构建以国内大循环为主体、国内国际双循环相互促进的新发展格局。与很多国家一样，在当前特殊的国内国际背景下，新发展格局的提出有其必要性、紧迫性。但是更加重要的是，除了构建新发展格局的必要性，我国还具备更多的可行性，因为我国是世界上唯一拥有联合国产业分类中全部工业门类的国家。联合国把工业分为41 个大类 207 个中类 666 个小类，我国大中小工业门类齐全。而之所以能取得今天这样的成就，与毛泽东时代建成的完整工业体系所打下的坚实基础密不可分。苏联解体后五年左右的时间，俄罗斯的经济规模跟 1990 年相比，下降了 52%，老百姓生活也受到严重影响，而第二次世界大战期间其 GDP 才减少了 22%。人们不禁思考，为什么苏联和平解体对经济的影响比当年战争期间还大？原因尽管很复杂，但是有一个比较重要的原因是，苏联解体前，产业分工已经非常专业，国家解体后前苏联的整个经济协作网络全部崩溃，经济出现断崖式下滑也就不可避免了。

对于我们党在社会主义革命和建设时期对中国现代化的贡献，习近平总书记给予了高度评价。他说："新中国成立后，我们党团结带领人民进行社会主义革命，消灭在中国延续几千年的封建制度，确立社会主义基本制度，实现了中华民族有史以来最为广泛而深刻的社会变革，建立起独立的比较完整的工业体系和国民经济体系，社会主义革命和建设取得了独创性理论成果和巨大成就，为现代化建设奠定根本政治前提和宝贵经验、理论准备、物质基础。"[1]

三、改革开放新时期的现代化探索

1977 年 8 月，中国共产党第十一次全国代表大会在北京召开。这次党代会的主要任务是，调动一切积极因素，团结全国各族人民，为建设社会主义现代化强国而奋斗。大会通过的十一大党章，把"在本世纪，党要领导全国各族人民把我国建设成为农业、工业、国防和科学技术现代化的社会主义现

---

[1] 习近平在学习贯彻党的二十大精神研讨班开班式上发表重要讲话强调 正确理解和大力推进中国式现代化 [N]. 人民日报, 2023-02-08（1）.

代化强国"① 写进了总纲中。

1978 年 2 月，原国家计委向中央政治局汇报工作时提出，应该有计划地组织干部到境外考察，以学习发达国家（地区）现代化建设的经验，得到了中央的认可。于是从 1978 年春天开始，许多代表团陆续出境考察。在众多的出境考察团中，中央政府派出了三支队伍，第一支是赴中国港澳地区的经济考察团，第二支是赴罗马尼亚、南斯拉夫的考察团，第三支是由国务院副总理谷牧带队的、到西欧五国访问的考察团。这三路人马几乎是同一时间出动，被人们称作中国即将开始的大规模对外开放的"侦察兵"。三路考察团中，以谷牧为团长的西欧五国考察团，最受世界的瞩目。因为这是新中国成立以后，中国向发达资本主义国家第一次派出国家级别的政府经济代表团。这个团由长期从事经济工作的中央和地方各级领导干部组成，包括轻工部杨波、国家计委王全国、农业部张根生、北京市长叶林等多位部长，一行二十余人，阵容相当齐整。中央领导对谷牧副总理这次率团出访欧洲五国非常重视。邓小平曾专门和谷牧谈话，指示他要广泛地接触各个方面，多做调查研究工作，认真地考察了解欧洲发达国家的经济发展、组织管理等多方面经验。

为了切实做到有备而去、不辱使命，出发前考察团在北京做了一个多月的准备工作，认真研究了法国、西德、瑞士、比利时、丹麦五个国家的材料。1978 年 5 月，谷牧副总理率领代表团飞向了西欧。从 5 月 2 日到 6 月 6 日，在一个多月的时间里，代表团先后访问了这五个国家的十五个城市，所到之处都受到高规格的接待，受访国家的元首、政府的首脑和有关政要，纷纷出面会见和宴请，代表团成员亲身感受到了这些国家对中国的热情和友好。高规格的接待，意味着西欧国家对中国有着浓厚的兴趣。在与西欧各国接触的过程中，中国代表团发现这些国家对中国最感兴趣的点是经贸合作。在一个多月的访问考察中，西欧诸国的工业和科技水平让代表团成员感到相当震惊。

代表团回国以后，撰写了《关于访问欧洲五国的情况报告》，呈送给党中央、国务院。报告指出，当前西欧国家的经济仍然危机重重，出于扩大市场、寻找资金出路的需要，希望与中国扩大经贸往来和科技交流。对于我国来讲，利用西欧的技术和资金来发展经济应该是十分有利的。报告还强调，第二次世界大战之后，欧洲资本主义国家的经济确实得到了前所未有的大发展，各个行业已经具有相当高的现代化水平，工业生产中已经广泛使用计算

---

① 中共中央党史研究室. 中国共产党历史（第二卷下册）[M]. 北京：中共党史出版社，2011：1005.

机，普遍实现了现代化。报告最后指出，尽管新中国成立以来我们取得的成就十分伟大，但是和发达资本主义国家相比，差距还是非常大的。我们要在本世纪末实现现代化，任务十分艰巨，需要埋头苦干、奋发图强。

1978 年除了派出对外开放的"侦察兵"之外，党和国家的领导人也加大了外出访问的频率。这一年仅副总理与副委员长以上的领导人出访就高达二十多次，访问的国家和地区达到五十多个。其中最受世人瞩目的是邓小平同志在 1978 年 10 月对日本进行的访问。在考察日本神奈川县汽车制造厂时，邓小平同志参观了工厂的流水线生产，得知人家的生产率要比我们国内第一汽车制造厂高几十倍，邓小平同志非常感慨地讲："我懂得什么是现代化了！"① 从东京乘坐新干线去关西的时候，日本记者问邓小平同志有什么感受，他一语双关地讲了一句话："就是感觉到快，有催人跑的意思，我们现在正合适坐这样的车。"② 邓小平同志的回答饱含深意，可见他希望中国快速发展的心情是多么迫切。尽管很着急，但是欲速则不达的教训，这一代中国共产党人没有忘记。出国访问的所见所闻，让邓小平同志深刻认识到，中国和发达资本主义国家之间的差距还是很大，要在本世纪末建成社会主义现代化强国，确实是比较困难的。回国之后，邓小平同志开始琢磨如何降温，结合中国的国情把现代化的标准放低。

1979 年 12 月，时任日本首相大平正芳到中国访问，向邓小平同志问了一个全世界都非常关注的问题，那就是中国的现代化蓝图是什么样子的？到 20 世纪末实现现代化的中国是个什么情况？对于这些问题其实邓小平同志已经思考了一年多的时间，他稍作沉思，便给出了答案："我们要实现的四个现代化，是中国式的四个现代化。我们的四个现代化的概念，不是像你们那样的现代化的概念，而是'小康之家'。"③ 这是我们党的领导人第一次在正式场合提出"中国式的四个现代化"的概念，并且用中国老百姓易于理解也感觉到非常亲切的词汇"小康"来描述现代化。邓小平同志还讲，到本世纪末，如果中国的人均国民生产总值能达到 1000 美元，就算实现了中国式的四个现代化，达到了一个小康水平，当然和你们西方比起来，我们的人均水平也还是很低的。

1982 年 9 月召开的党的十二大，在总结历史经验教训的基础上，党中央作出了一个具有历史性意义的决策，即将党的十一大报告中提出的 20 世纪末

---

① 蒋永清. 邓小平开启改革开放大业 [N]. 学习时报，2018-11-05（5）.
② 蒋永清. 邓小平开启改革开放大业 [N]. 学习时报，2018-11-05（5）.
③ 邓小平：邓小平文选（第二卷）[M]. 北京：人民出版社，1994：237.

的奋斗目标，从实现四个现代化调整为实现小康，这也从战略层面上解决了长期以来存在的急于求成的问题。大会还给出了量化标准，即从1981年到20世纪末，工农业生产总值翻两番，实现了这个目标就算实现了小康。十二大确定了小康目标之后，邓小平同志把目光放得更加长远。后来他多次讲，二十世纪末实现小康之后，争取再用三十年到五十年的时间，赶上中等发达国家，基本实现现代化。1987年4月，邓小平同志在会见西班牙政府副首相格拉时，明确提出现代化建设"三步走"的战略设想，这一构想在当年召开的党的十三大上得到了确认。

1987年10月，中国共产党第十三次全国代表大会在北京召开。这次大会在分析国情并总结经验的基础上，提出了社会主义初级阶段理论，并概括了党在初级阶段"一个中心、两个基本点"的基本路线。根据邓小平同志提出的"三步走"的战略设想，党的十三大明确指出，十一届三中全会之后，我国现代化建设分三步走：第一步，经济总量比1980年翻一番，使人民的温饱问题得到解决；第二步，到20世纪末，经济总量再增长一倍，使得人民生活达到小康；第三步，到21世纪中叶，人均经济总量赶上中等发达国家水平，基本实现现代化。"三步走"发展战略，是中国共产党在遵循客观规律的基础上，对民族复兴百年梦想作出的积极稳妥的战略规划，也是我们党在中国特色社会主义建设探索实践中形成的又一重大成果，为今后社会主义现代化建设事业提供了根本遵循。

党的十三大之后，党中央以企业经营机制改革为重点推动经济体制改革，同时进一步加大了对外开放的步伐，我国经济实现了快速发展。从1984年到1988年的五年间，经济总量从7000多亿元增加到14000多亿元，年均增长率达到12.1%，国家的经济实力迈上了一个新的台阶。但是与此同时，在经济运行中也出现了一些问题，比如说通货膨胀严重、经济结构不合理、重复建设严重等。尤其是1988年夏季准备实行的价格改革"闯关"决策，由于没有充分考虑到群众的承受能力，引发了人们的恐慌心理，出现了全国性的抢购风潮，影响了社会安定。为扭转严峻的经济形势，党的十三届三中全会决定，经济工作的重点要由加快改革步伐转向整顿经济秩序。根据这一决定，国务院相继采取了一系列措施，整顿经济领域的各种混乱现象。经过一年左右的整顿，经济乱象的治理取得初步的效果，但是一些深层次的体制机制问题还没有得到实质性的解决。

长期以来，西方国家的敌对势力从来就没有停止过对社会主义国家的政治渗透，竭力地煽动和支持各种反对社会主义的活动。20世纪80年代末，一些东欧社会主义国家出现动荡，西方政治势力加紧在中国推行和平演变战略。1989 年春夏，极少数反共分子利用群众对物价上涨的焦虑，以及对一些干部腐败问题的不满情绪，进行煽动反党反社会主义的活动。关键时刻，在邓小平等老一辈革命家的支持下，中央政治局采取果断措施，捍卫了国家政权，维护了人民的利益。6 月 9 日，邓小平同志发表重要讲话，明确回答了全世界都高度关注的中国道路问题。他强调，"三步走"战略没有错，"一个中心、两个基本点"的基本路线没有错，要坚定不移地将十一届三中全会以来的政策方针路线走下去。政治风波后，党中央决定分两步对经济工作进行治理整顿。根据这一部署，从 1990 年底开始，国务院采取了一系列提高企业效益的措施。与此同时也提出了一些重大举措，持续推进改革开放，并在某些领域取得了重大成就。经过三年的努力，通货膨胀得到控制，经济秩序有所好转，经济治理整顿任务胜利完成，社会主义现代化建设进入一个新的历史阶段。

20 世纪 80 年代末 90 年代初，苏联解体、东欧剧变，国际社会主义运动陷入低潮。冷战结束后，经济全球化进程加快，一些发展中国家抓住机遇呈现出强劲的发展势头。而我国经济尽管经过治理整顿走出了低谷，但是深层次的问题仍然没有得到根本解决，面临的挑战依然严峻。在这样的背景下，有些人对社会主义的前途产生了怀疑，有些人对改革开放到底姓"社"还是姓"资"提出了疑问，还有些人对党的基本路线产生了动摇。面对这些重大的理论和实践课题，中国共产党人必须作出明确的回答。

在党和国家发展的关键时刻，1992 年初，邓小平同志先后到武昌、珠海、深圳、上海等地视察，视察途中他发表了一系列重要谈话。在谈话中他多次强调，一定要抓住机会加快发展，发展才是硬道理。他强调在发展经济的过程中，一定要大胆地闯，大胆地试，包括可以尝试用市场手段。因为计划和市场都是调节经济的手段，不是资本主义和社会主义的本质区别。邓小平同志还强调，马克思主义是科学，不要因为社会主义在一些国家出现曲折，就认为马克思主义失败了，要坚信人民在曲折中经受了锻炼，一定会促进社会主义朝着更加健康的方向发展。邓小平同志的南方谈话深刻回答了长期束缚人们思想的一些重大问题，驱散了人们思想上的迷雾，不仅对即将召开的党的十四大具有非常重要的指导意义，而且对中国改革开放和现代化建设事业也具有极其深远的历史意义。

1992 年 10 月党的十四大召开。大会一致认为，现在国内国际环境良好，虽有挑战，但是更有机遇，是加快发展的好时机。大会对原定的 20 世纪

90 年代的经济增长速度从 6% 调整至 8% 到 9%，指出到 20 世纪末，我国经济总量将超过原计划的比 1980 年翻两番的目标，国民经济整体素质将迈上一个新台阶，人民生活达到小康水平。大会还指出，原有的计划经济体制已经远远不能适应当前生产力发展的要求，必须进行根本性改革。大会确定把社会主义市场经济体制作为我国经济体制改革的目标。把社会主义和市场经济结合在一起，是我们党的一个伟大创举，是科学社会主义的重大突破，对我国改革开放和社会主义现代化建设具有十分重要的推动作用。党的十四大后，我国经济持续快速增长，"八五"期间经济增速达到 12.3%，原定 20 世纪末翻两番的目标到 1995 年时已经实现，比计划提前了五年，国家经济实力和综合国力上了一个新台阶。

正当全国各族人民为实现跨世纪的奋斗目标而团结奋斗的时候，1997 年 2 月 19 日，改革开放的总设计师邓小平逝世。全世界都在关注，中国的改革开放将走向何方，邓小平同志开创的建设有中国特色社会主义道路，中国共产党能不能坚定不移地走下去。1997 年 9 月，党的十五大在北京举行。大会首次提出"邓小平理论"这个概念，把这一理论作为指引我们党继续前进的旗帜。江泽民同志强调，旗帜问题至关重要。坚持十一届三中全会以来的路线不动摇，就是高举邓小平理论的旗帜不动摇。在这个问题上，全党要有高度的自觉性。在即将实现"三步走"战略的第二步目标之际，大会对第三步目标作出了更进一步的规划，提出了新的"三步走"战略。"即下个世纪第一个十年，实现经济总量比 2000 年翻一番，人民生活更加宽裕；再经过十年，到中国共产党成立一百年时，国民经济更加发展，各项制度更加完善；到下世纪中叶，中华人民共和国成立一百年时，基本实现现代化。"[①] 新的"三步走"战略，为中国现代化建设事业跨世纪发展作出了重要的战略安排。

2002 年 11 月，党的十六大在北京举行。十六大是我们党在进入 21 世纪之后召开的第一次党代会，也是我们党在小康目标胜利完成之后、开始实施现代化建设第三步战略目标的背景下，召开的一次十分重要的党代会。大会认为，经过全党和全国人民的努力，我国实现了邓小平同志当年提出"三步走"战略的前两步目标，人民生活达到了小康水平。但是必须看到，现在达到的这个小康是低水平、不全面、发展不平衡的小康，必须提高当前达到的小康水平。大会指出，对于我国来讲，21 世纪的前 20 年，是实现"三步走"

---

① 本书编写组. 中国共产党简史 [M]. 北京：人民出版社、中共党史出版社，2021：293.

战略目标必经的一个承上启下的关键阶段，也是一个重要的战略机遇期，我们必须集中力量，紧紧抓住这个可以大有作为的战略机遇期，全面建设更高水平的小康社会。党的十六大在总体小康目标实现的基础上，根据党的十五大作出的"小三步"战略部署，首次提出了总体小康实现后新的奋斗目标——全面小康，并且从经济、政治、文化、可持续发展能力四个方面对全面小康提出了具体的目标要求。党的十六大在新世纪新阶段提出 21 世纪中叶所要实现的目标：在 21 世纪的头 20 年努力建设全面小康，到 21 世纪中叶基本实现现代化。从此，中国共产党带领中国人民踏上了建设全面小康的新征程。

党的十六大之后，正当全国上下围绕全面小康目标要求大力推进的时候，2003 年我国遭遇了一场突如其来的"非典"。"非典"对人民身体健康构成严重威胁的同时，也对经济社会发展产生了严重冲击。党中央及时作出抗击"非典"和促进发展的"两手抓"重大决策，举国上下紧急动员，众志成城、共克时艰，取得了重大胜利。"非典"的发生和蔓延，暴露出我国社会建设事业的短板问题，引发了中央对新形势下"实现什么样的发展"问题的深入思考。2003 年 8 月胡锦涛同志在江西考察时首次提出科学发展观，当年 10 月召开的党的十六届三中全会对科学发展观进行了完整的概括。科学发展观提出之后，对社会主义现代化建设发挥了重要的指导作用，并且在实践中得到了完善和丰富。2004 年 9 月召开的党的十六届四中全会提出构建社会主义和谐社会的战略任务，并将其确定为党的执政能力建设的重要内容。2007 年 10 月，党的十七大召开，大会深刻分析了国内外形势的发展变化以及我国当前阶段的发展特征，在党的十六大提出全面建设小康社会目标要求的基础上，从经济、政治、文化、社会、生态五个方面对全面小康提出了新的更高的要求。第一，增加了社会建设的目标，全面小康目标从四个方面拓展为五个方面；第二，根据我国经济社会发展的实际情况，每一个方面的目标都有新的更高的要求。这些新要求与党的十六大提出的奋斗目标相比，既保持了目标的连续性，又根据新情况进行了完善，使得全面小康的目标更加全面、要求更加具体，也深刻地体现了科学发展观的基本精神和本质要求。

总的来讲，在改革开放和社会主义建设新时期，党中央始终牢牢把握经济建设这一中心，紧紧抓住发展这个第一要务，解放思想、实事求是，立足我国的基本国情，借鉴发达国家现代化建设的经验教训，制定了符合国情的基本目标和政策，推进中国现代化建设进入了快车道，国家面貌发生了历史性的变化。数据显示，从 1979 年到 2012 年，中国经济持续稳定增长，年均增速接近 10%。2010 年我国国内生产总值达 5.88 万亿美元，首次超过日本，成为仅次于美国的世界第二大经济体，国民经济迈上新台阶。"中国奇迹"的创造，彰显了社会主义制度的巨大优越性，增强了中国人民的自豪感和凝聚力，也为全面小康的建设打下了坚实的基础。

对于我们党在改革开放新时期对中国现代化的贡献，习近平总书记给予高度评价。他说："改革开放和社会主义建设新时期，我们党作出把党和国家工作中心转移到经济建设上来、实行改革开放的历史性决策，大力推进实践基础上的理论创新、制度创新、文化创新以及其他各方面创新，实行社会主义市场经济体制，实现了从生产力相对落后的状况到经济总量跃居世界第二的历史性突破，实现了人民生活从温饱不足到总体小康、奔向全面小康的历史性跨越，为中国式现代化提供了充满新的活力的体制保证和快速发展的物质条件。"①

四、中国特色社会主义新时代的现代化探索

2012 年 11 月，党的十八大胜利召开，中国特色社会主义进入新时代。党的十八大是在我国经济总量稳居世界第二、全面建成小康社会进入决胜阶段的背景下召开的一次非常重要的党代会。这次大会在党的十六大、十七大提出的全面小康奋斗目标要求的基础上，根据我国经济社会发展的实际和人民群众的新期待，对全面小康提出了新的更高的目标要求，即经济要实现持续健康发展、人民民主要不断扩大、文化软实力要显著增强、人民生活水平得到全面提高、生态文明建设取得重大进展。大会还提出两个一百年奋斗目标，即在中国共产党成立一百年时实现全面小康，在新中国成立一百年时建成社会主义现代化国家。党的十八大还有一个非常重大的历史性贡献，就是将科学发展观正式确立为我们党的指导思想，又一次实现了党的指导思想的与时俱进。确立科学发展观的指导地位，对全面建成小康社会进而实现社会主义现代化，有着重大的现实意义和深远的历史意义。

进入新时代，我们面临的国内外环境也发生了改变。从国际来看，经济全球化、世界多极化深入发展，新一轮科技革命蓄势待发，以中国为代表的发展中国家迅速崛起，全球治理体系深刻变革，和平与发展的时代主题依然没变；但是同时要看到，受国际金融危机深层次影响，全球经济增长乏

---

① 习近平在学习贯彻党的二十大精神研讨班开班式上发表重要讲话强调 正确理解和大力推进中国式现代化 [N]. 人民日报，2023-02-08（1）.

力，贸易保护主义抬头，传统和非传统威胁相互交织，我国发展的外部环境面临的不确定性因素增多。从国内来看，经过改革开放三十多年的发展，我国经济社会发展取得了巨大成就，到党的十八大召开前夕，我国经济总量稳居世界第二，我们前所未有地接近中华民族伟大复兴的宏伟目标；但与此同时也必须看到，我国发展不平衡、不协调、不可持续的问题依然突出，科技创新能力不强、发展方式粗放、资源环境约束趋紧、城乡区域发展不平衡、收入差距较大、消除贫困任务艰巨，这些因素制约着我国未来的发展。面对这些深层次的矛盾和问题，习近平总书记指出，必须通过深化改革来解决发展中的一系列问题，要坚持正确的改革方向，以更大的勇气和智慧，敢于涉险滩、啃硬骨头，深化重要领域的改革，破除一切妨碍科学发展的体制机制弊端，努力推动全面小康建设迈上新的台阶。

2012 年 12 月，党的十八大闭幕后第一次外出调研，习近平总书记来到中国改革开放的前沿阵地广东省，在深圳莲花山公园向邓小平同志铜像敬献花篮，向全世界宣告了中国改革不停顿、开放不止步的坚定决心。2013 年 11 月召开的党的十八届三中全会指出，改革开放是决定当代中国前途命运的关键一招。面对新的形势和任务，全面建成小康社会，进而建成社会主义现代化国家、实现民族复兴的中国梦，必须全面深化改革。这次全会通过《中共中央关于全面深化改革若干重大问题的决定》，提出全面深化改革是一项复杂的系统工程，要更加注重改革的系统性和协同性，加强改革的顶层设计和总体规划。全会从经济、政治、文化、社会、生态文明、国防和军队六个方面，对全面深化改革作出了系统规划和部署。同时强调，全面深化改革并不是不分重点的各领域齐头并进，而是有重点、分步骤的改革。要以经济体制改革为重点，处理好政府与市场的关系，发挥好牵引作用。十八届三中全会开启了以经济体制改革为重点的全方位改革，为推动全面建成小康社会提供了强有力的动力和制度保证。

党的十八大后，党中央将消除绝对贫困确定为全面建成小康社会的底线任务。2012 年 12 月 29 日，习近平总书记前往河北阜平县考察扶贫工作，在详细了解具体情况后，习近平总书记指出："没有农村的小康，特别是没有贫困地区的小康，就没有全面建成小康社会。"[1] 以此为起点，党中央向全党发出脱贫攻坚的动员令，作出了向贫困宣战的战略部署。2013 年 11 月 3 日，习近平总书记在湖南湘西花桓县十八洞村考察时，首次提出"精准扶贫"，为解

---

[1]　习近平．习近平著作选读（第一卷）[M]，北京：人民出版社，2023：73.

决新时期我国的脱贫攻坚工作指明了方向。2015 年 10 月召开的十八届五中全会，审议通过的《中共中央关于制定国民经济和社会发展第十三个五年规划的建议》（以下简称《建议》）指出，"十三五"规划要紧紧围绕实现全面小康这个奋斗目标来制定。《建议》把农村贫困人口脱贫作为全面建成小康社会的基本标志。习近平总书记在十八届五中全会第二次全体会议上的讲话中强调，尽管全面小康不是人人同样的小康，但是如果现有的农村贫困人口生活水平没有得到明显提高，全面小康也不能让人信服。

如何理解全面小康

全面小康，体现在三个方面的全面。第一，覆盖的领域要全面，是经济、政治、文化、社会、生态文明等各方面的全面进步。第二，覆盖的人口要全面，要努力补齐农村贫困人口脱贫的短板，实现惠及全体人民的小康。第三，覆盖的区域要全面，要努力缩小城乡区域发展的差距，实现城乡区域共同奔赴小康。

进入新时代，以习近平同志为核心的党中央，在决胜全面建成小康社会的基础上，聚焦第二个百年奋斗目标，统筹推进"五位一体"总体布局，协调推进"四个全面"战略布局，提出了一系列新理念新战略，推出了一系列重大举措，我国改革开放和社会主义现代化建设事业取得了历史性成就，全力推进了全面建成小康社会的历史性进程。在推进中国特色社会主义事业的实践中，习近平同志坚定的政治信仰、鲜明的人民立场、强烈的历史担当、高超的政治智慧赢得了全党全国人民的衷心拥护，事实上已经成为党中央的核心、全党的核心。2016 年 10 月召开的党的十八届六中全会，明确了习近平总书记的核心地位，正式提出了"以习近平同志为核心的党中央"。确定习近平的核心地位，对于更好地凝聚人心，从而推进中国特色社会主义事业，具有重大而深远的意义。

2017 年 10 月，党的十九大胜利召开。大会高度评价党的十八大以来党和国家事业取得的历史性成就，着眼于党的事业的长远发展，提出习近平新时代中国特色社会主义思想，并且将这一思想写入党章，确立为我们党的行动指南。结合"两个一百年"奋斗目标，党的十九大对 2020 年全面小康目标实现之后开启的新征程作出了战略部署。报告提出了历史交汇期的概念，指出在党的十九大到二十大期间，有一个接力棒需要传递，那就是 2020 年第一个百年奋斗目标全面小康实现之后，从 2021 年起，我们党要带领人民踏上奋进第二个百年奋斗目标的新征程——全面建设社会主义现代化国家。在深入研究分析国内外形势和我国发展条件的基础上，党的十九大报告提出一个新的"两步走"战略，即从 2020 年到 21 世纪中叶，全面建设社会主义现代化国家可以分两个阶段来部署安排，每个阶段十五年。第一个阶段，在全面小康目标实现的基础上，再奋斗十五年，到 2035 年基本实现现代化。这意味着，我们党在十三大上提出的"三步走"战略的第三步，将提前十五年实现。第二个阶段，在基本实现社会主义现代化的基础上，再奋斗十五年，到 21 世纪中叶，建成社会主义现代化强国。新的"两步走"战略，是党中央在深入研究、反复论证的基础上，对新征程作出的积极稳妥的战略规划，为今后全面建设社会主义现代化国家提供了根本遵循。

如何理解"四个全面"战略布局

"四个全面"分别是指全面建成小康社会、全面深化改革、全面依法治国、全面从严治党。2015 年 2 月，习近平总书记在省部级主要领导干部学习党的十八届四中全会精神研讨班开班式上的讲话，首次将"四个全面"定位为"战略布局"。在"四个全面"战略布局中，全面建成小康社会是战略目标，居于引领地位，其他三个全面是战略举措。党的十八届三中、四中、五中、六中全会相继就全面深化改革、全面依法治国、全面建成小康社会、全面从严治党进行了专题研究，作出重要部署。2020 年 10 月召开党的十九届五中全会，将"全面建成小康社会"表述更新为"全面建设社会主义现代化国家"。

在全面建成小康社会的决胜阶段，党的十九大发出坚决打赢脱贫攻坚战的动员令。党的十九大之后，以习近平同志为核心的党中央，把消除贫困摆在治国理政的重要位置，充分发挥我国的制度优势，采取了许多重大的独特性举措，组织实施了人类历史上规模和力度最强的脱贫攻坚战。习近平总书记的足迹遍布 14 个集中连片特困地区，先后主持召开了 7 次脱贫攻坚座谈会。在党中央的坚强领导下，2020 年 11 月 23 日，最后 9 个贫困县实现贫困退出。2021 年 2 月 25 日，习近平总书记在全国脱贫攻坚表彰大会上庄严宣告，我国脱贫攻坚战取得了全面胜利。消除绝对贫困，是全面建成小康社会的标志性成果，彰显了我国制度的政治优势。八年的持续奋斗，近 1 亿贫困人口实现脱贫，832 个贫困县全部摘帽，为人类减贫事业作出了巨大贡献，也为全面建设社会主义现代化国家打下了坚实的基础。

在全党全国各族人民向第二个百年奋斗目标进军的关键时刻，2022 年 10 月，党的二十大胜利召开。党的二十大是我们党开启全面现代化建设新征程之后召开的第一次党代会，也是我们党在走过百年历程之后召开的一次十分重要的党代会。大会在充分汲取我们党百年奋斗历史经验、科学把握历史规律，深刻总结党的十八大以来十年伟大变革宝贵经验的基础上，从新的实际出发，深入阐述了中国式现代化的科学内涵、中国特色和本质要求，强调了在推进中国式现代化的过程中必须牢牢把握的重大原则，初步构建了中国式现代化的理论体系。"概括提出并深入阐述中国式现代化理论，是党的二十大的一个重大理论创新，是科学社会主义最新重大成果。"[1] 党的二十大登高望远、谋深虑远，在党的十九大提出的"两步走"战略的基础上作了进一步阐述，描绘了 2035 年基本实现现代化的美好前景，并且从经济、政治、文化、社会、生态文明，以及国防军队建设、外交工作、港澳台工作、党的建设等方面进行了全面的战略部署，为全面建设社会主义现代化国家指明了前进的方向。

总的来讲，党的十八大以来的十年，我国迎来了中国共产党的百年华诞，开启了时代的新篇章，实现了百年来中国人民的夙愿。这三件大事，对于中国共产党、中华民族都有着特殊的历史性意义，将永远铭记在全国各族人民心中。新时代的十年，以习近平同志为核心的党中央，团结带领全国各族人民，采取了一系列的举措，推进了一系列变革，经受住了来自经济、政治、意识形态，以及自然界等方面的考验，取得了全方位、开创性的历史性成就，发生了深层次、根本性的历史性变革。经过十年的努力，我国经济实力实现历史性跃升，经济总量稳居世界第二，在世界经济的占比从 2012 年的 11.4% 上升到 2021 年的 18.5%，提高了 7.1 个百分点，比欧盟 20 多个国家的总和还要高。在物质力量不断积累的同时，新时代中华民族精神力量也不断增强。面对突如其来的新冠疫情、面对外部势力的遏制打压，中国人民不怕困难、勇往直前，展现出了强烈的历史主动精神和自立自强的精神风貌。十年来，我们党始终坚守初心使命，坚持治国必先治党，治党务必从严，在革命性锻造中党的面貌焕然一新，政治领导力、群众组织力显著增强。可以

---

① 习近平在学习贯彻党的二十大精神研讨班开班式上发表重要讲话强调 正确理解和大力推进中国式现代化 [N]. 人民日报，2023-02-08（1）.

说，新时代十年中国的变化范围之广、程度之深，世所罕见、史所罕见。十年的伟大变革，是中华民族走向复兴进程中的一座丰碑。

对于我们党在新时代对中国现代化的贡献，习近平总书记给予高度评价。他说："党的十八大以来，我们党在已有基础上继续前进，不断实现理论和实践上的创新突破，成功推进和拓展了中国式现代化。我们在认识上不断深化，创立了新时代中国特色社会主义思想，实现了马克思主义中国化时代化新的飞跃，为中国式现代化提供了根本遵循。我们进一步深化对中国式现代化的内涵和本质的认识，概括形成中国式现代化的中国特色、本质要求和重大原则，初步构建中国式现代化的理论体系，使中国式现代化更加清晰、更加科学、更加可感可行。"①

回顾中国走向现代化的历史进程，我们看到，中国的现代化是在落后挨打的过程中、在悲情中被动的开启的。近代以来，各种政党组织作出过追赶世界现代化进程的努力，但是在当时的主客观条件下都以失败告终，探索中国现代化道路的任务，历史性地落在了中国共产党人的身上。从1921年中国共产党成立到今天，这一百多年来，我们党团结带领人民进行的一切奋斗和牺牲，只为一个主题，那就是实现中华民族伟大复兴。在实现民族复兴的道路上，从为完成民族复兴第一大历史任务的新民主主义革命、到新中国成立后的四个现代化、改革开放之初的中国式现代化——小康、进入新世纪的全面建设小康社会、党的十八大提出的全面建成小康社会、党的十九大首提全面建设社会主义现代化国家再到党的二十大初步提出构建中国式现代化理论体系，这一百多年来，尽管经历了许多曲折，但是中国共产党人初心不改、使命不变，始终围绕清晰的奋斗目标，一茬接着一茬干、一棒接着一棒跑，一张蓝图绘到底，一以贯之地进行社会主义现代化国家建设，一步一步为实现中华民族伟大复兴的中国梦而奋斗。

习近平总书记深刻地指出："中国式现代化是我们党领导全国各族人民在长期探索和实践中历经千辛万苦、付出巨大代价取得的重大成果，我们必须倍加珍惜、始终坚持、不断拓展和深化。"②

---

① 习近平在学习贯彻党的二十大精神研讨班开班式上发表重要讲话强调 正确理解和大力推进中国式现代化 [N]. 人民日报，2023-02-08（1）.

② 习近平在学习贯彻党的二十大精神研讨班开班式上发表重要讲话强调 正确理解和大力推进中国式现代化 [N]. 人民日报，2023-02-08（1）.

第三章 中国式现代化理论体系的
丰富内涵

党的十八大以来，我们党在新中国成立尤其是改革开放以来探索实践的基础上继续前进，对中国式现代化的认识进一步深化，概括形成了中国式现代化的中国特色、本质要求和重大原则，初步构建了中国式现代化的理论体系，使中国式现代化得到大大的推进和拓展。中国式现代化不是天上掉下来的，正如习近平总书记所强调的："中国式现代化是我们党领导全国各族人民在长期探索和实践中历经千辛万苦、付出巨大代价取得的重大成果。"[①] 因此习近平总书记要求我们，必须倍加珍惜、始终坚持，并且在推进中国式现代化的过程中不断的拓展和深化。当前，中国式现代化理论体系已经初步构建，我们只有准确把握并深刻理解这一理论体系的丰富内涵，才能在推进中国式现代化的过程中拓展和深化这一理论，进而更好地以中国式现代化全面推进中华民族伟大复兴。

第五讲 中国式现代化的科学内涵

党的二十大报告指出："中国式现代化，是中国共产党领导的社会主义现代化，既有各国现代化的共同特征，更有基于自己国情的中国特色。"[②] 2023年2月7日，习近平总书记在省部级主要领导干部学习贯彻党的二十大精神研讨班上的重要讲话中强调："中国式现代化既有各国现代化的共同特征，更有基于自己国情的鲜明特色。党的二十大报告明确概括了中国式现代化是人口规模巨大的现代化、是全体人民共同富裕的现代化、是物质文明和精神文

---

① 习近平在学习贯彻党的二十大精神研讨班开班式上发表重要讲话强调 正确理解和大力推进中国式现代化 [N]. 人民日报，2023-02-08（1）.

② 习近平. 高举中国特色社会主义伟大旗帜 为全面建设社会主义现代化国家而团结奋斗——在中国共产党第二十次全国代表大会上的报告（2022年10月16日）[M]. 北京：人民出版社，2022：22.

明相协调的现代化、是人与自然和谐共生的现代化、是走和平发展道路的现代化这五个方面的中国特色，深刻揭示了中国式现代化的科学内涵。"①

一、中国式现代化的性质方向

理解什么是中国式现代化，首先要读懂党的二十大报告提出的"中国式现代化，是中国共产党领导的社会主义现代化"。这句话是对中国式现代化管总、管根本、定性的话。党的领导是中国式现代化的根本保证，也直接决定着中国式现代化的根本性质。

（一）党的领导是中国式现代化的根本保证

近代以来，由于封建王朝的腐败以及西方列强的入侵，中华民族和中国人民遭受了前所未有的苦难，实现中华民族伟大复兴成为中国人民最伟大的梦想。为了捍卫民族尊严，中华民族历经多次选择。从太平天国的农民起义、中体西用的洋务运动、变法图强的戊戌维新到推翻清王朝的辛亥革命，由于没有找到科学的理论和正确的道路，这些政治力量都没能承担起民族复兴的重任。历史充分证明，实现中华民族伟大复兴，必须要由先进理论武装起来的先进政党来领导。民族复兴的重任，历史性地落在了中国共产党人的身上。1921 年 7 月，中国的先进分子在对西方传入的各种先进理念反复比对之后，最终选择了他们认为能解决中国问题的先进理论——马克思主义，并用这一先进的理论指导建立了中国的马克思主义政党——中国共产党。回顾历史可以看到，马克思主义为我们提供了强大的思想武器，中国共产党领导人民创造了前所未有的奇迹。习近平总书记深刻指出："中国共产党为什么能，中国特色社会主义为什么好，归根到底是因为马克思主义行。"②

中国共产党的成立，解决了中华民族伟大复兴领导力量的问题。为了实现民族复兴，我们党团结带领中国人民进行了二十八年的浴血奋战，最终建立了人民当家做主的新中国，实现了民族独立、人民解放。新中国成立后，我们党带领人民开启了社会主义现代化的艰辛探索。七十多年来，从四个现代化、中国式四个现代化、小康、全面小康到全面现代化建设，我们党带领人民探索出一条完全不同于西方的中国式现代化道路。特别是党的十八大以来，以习近平同志为核心的党中央带领人民，锐意进取、守正创新，取

---

① 习近平在学习贯彻党的二十大精神研讨班开班式上发表重要讲话强调 正确理解和大力推进中国式现代化 [N]. 人民日报，2023-02-08（1）.
② 习近平 . 习近平著作选读（第二卷）[M]. 北京：人民出版社，2023：483.

得了新时代中国特色社会主义的历史性成就。尤其是消除绝对贫困、全面建成小康社会，使中华民族迎来了从"追赶时代"到"引领时代"的伟大飞跃，为民族复兴的实现提供了物质基础、制度保障和精神力量。中国式现代化理论就是我们党在长期探索和实践的基础上，经过党的十八大以来的创新突破后概括形成的。历史充分证明，党的领导是中国式现代化道路的根本保证，没有中国共产党坚强领导，就没有中国的现代化事业和中华民族的伟大复兴。中国共产党团结带领中国人民成功地开创出一条以中国式现代化全面推进中华民族伟大复兴的光明大道。

20 世纪 30 年代的 "中国梦"

20 世纪 30 年代，在北京、上海的知识分子中，曾经做过一个关于"中国梦"的调查。

清华大学教授林语堂的回答是："只希望国中有小小一片的不打仗，无苛税，换门牌不要钱，人民不必跑入租界而可以安居乐业的干净土。"

燕京大学教授顾颉刚的回答是："没有人吸鸦片，吞红丸。这是最重要的事。这种嗜好延长下去，非灭种不行，任凭有极好的政治制度，也是无益的。"

上海学者施蛰存的回答是："中国人走到外国去不被轻视，外国人走到中国来，让我们敢骂一声洋鬼子。现在是不敢骂的。"

（二）党的领导决定着中国式现代化的根本性质

道路决定命运，实现现代化首先要有一个走什么道路的问题。中国式现代化道路是中国共产党领导中国人民在长期的奋斗和实践中开创的，我们党的性质宗旨和信仰信念决定了中国式现代化是社会主义现代化，而不是别的什么主义的现代化。在《共产党宣言》中有一段关于"两个绝大多数"思想的著名论述。这段话是在第一章中谈到无产阶级与历史上其他阶级革命运动的根本区别时讲到的。文中指出："过去的一切运动都是少数人的或者为少数人谋利益的运动。无产阶级的运动是绝大多数人的，为绝大多数人谋利益的运动。"[①] "两个绝大多数"思想是马克思唯物史观原理中群众史观思想的高

---

① 马克思恩格斯选集第一卷 [M]. 北京：人民出版社，1995：283.

度概括，也是社会主义制度与资本主义制度的本质区别。

中国共产党是工人阶级的先锋队，同时也是中国人民和中华民族的先锋队，党的宗旨是全心全意为人民服务。一百多年来，我们党始终坚持对马克思主义的信仰、对社会主义和共产主义的信念，始终把为人民谋幸福、为民族谋复兴作为自己的初心和使命。在领导人民进行社会主义现代化建设的过程中，党的性质宗旨、信仰信念，决定了始终坚持发展为了人民、发展依靠人民、发展的成果由人民共享。中国式现代化摒弃西方以资本为中心的现代化老路，坚持以人民为中心，把增进人民福祉、实现共同富裕、促进人的全面发展作为我国现代化建设的出发点和落脚点。

我们坚持把马克思主义的基本原理和中国的实际与时代特征相结合，成功的开创并发展了中国特色社会主义。中国式现代化的"中国式"就是基于中国特色社会主义形成的，中国式现代化就是中国特色社会主义在发展道路上的具体化。实践证明，中国特色社会主义就是实现社会主义现代化的必由之路。离开中国特色社会主义道路，中国式现代化不可能成功开创与发展。从"一辆汽车、一架飞机、一辆坦克、一辆拖拉机都不能造"，连铁钉都需要进口，到全世界唯一拥有全部工业门类，两百多种工业品产量位居世界第一；从经济凋敝、民不聊生，到经济总量稳居世界第二大经济体……我们将科学社会主义理论与中国现代化实践相结合，用几十年的时间走完西方发达国家几百年走过的工业化历程，团结带领人民成功的跨越"卡夫丁峡谷"，走出了一条适合中国国情的现代化道路，打破了实现现代化必须走资本主义道路的迷思，为广大发展中国家探索适合自己的现代化道路提供了中国方案。

什么是"卡夫丁峡谷"

"卡夫丁峡谷"本义是地名，它是位于古罗马卡夫丁城附近的一个大峡谷。公元前321年，罗马人在卡夫丁峡谷被萨姆尼特人打败后，被要求从兵器支起的廊下通过，遭到了极大的羞辱。"卡夫丁峡谷"后被寓意为侮辱与痛苦。马克思认为在资本主义社会中，工人阶级遭受残酷的剥削压迫，生活十分痛苦。在马克思晚年曾经提出跨越"卡夫丁峡谷"的思想，即不通过资本主义制度的"卡夫丁峡谷"，从前资本主义社会直接进入社会主义社会。

二、中国式现代化有各国现代化的共同特征

从历史的视角看，现代化是在科技发展和人类文明进步的共同推动下，由传统社会向现代社会转变的一个历史过程。现代化作为人类文明的结晶，具有普遍性规律可循。相对于最先走向现代化的西方国家来讲，中国是一个后发国家，现代化的进程也晚于西方现代化国家。但是中国在走向现代化的进程中，遵循现代化的一般规律，积极融入世界现代化的发展进程，通过科技革命实现工业化，并逐步实现政治、经济、文化等领域的现代化，最终实现人的现代化。

（一）现代经济

从经济领域来看，现代化是在科学技术的推动下，经济结构、产业结构不断升级，经济发展水平不断提高，最终使得农业文明向工业文明转型、自然经济向商品经济转型的过程。现代化在经济领域主要体现以下在两个层面。

1. 工业化是现代化的基础和核心

尽管现代化不等于工业化，但是高度的工业化一定是一个国家现代化的重要标志。现代化始于工业化，在第一次工业革命之前，农耕文明是人类文明的基本形态。18 世纪后期发端于英国的第一次工业革命，使得纺织行业率先实现了机械化，之后蒸汽机的发明和广泛使用又推动了工厂制的诞生，劳动生产率得到大大提高，英国首先进入了工业社会，其工业文明代替了农耕文明。之后，现代化的浪潮波及到西欧和北美地区，这些国家和地区也逐渐实现了经济结构的转型。

中国的现代化也始于工业化。1840 年第一次鸦片战争之后，晚清洋务派提出了"师夷长技"的口号，发起了向西方学习先进技术的运动，19 世纪 60 年代已经出现了中国人自己创办的机器工业。之后，尽管经历了诸多曲折，但是工业化的进程一直在推进。中华人民共和国成立之后，中国共产党带领人民开始进行现代化建设。1954 年我们党就提出了"四个现代化"，但是当时更加重视的是工业化，因为在 20 世纪 50 年代，工业化程度是反映一个国家发达程度最重要的标志。关于工业化的重要性，事实上毛泽东同志在 20 世纪 40 年代就已经多次强调，革命胜利之后最重要的任务就是要搞工业化。社会主义建设时期，在苏联的援建下，中国工业化艰难起步。1949—1978 年，在计划经济体制下，我们采取了以政府作为投资主体、计划作为配置资源的手段，超高积累、以农支工，优先发展国家的重工业。到 20 世纪 70

年代中期，我们已经建立了独立完整的工业体系，成功地发射了"两弹一星"。到 70 年代末，中国的工业规模已经超过英法两个老牌工业强国，工业落后的面貌彻底改变，为之后的现代化建设打下了坚实的工业化基础。改革开放后，我们积极探索社会主义市场经济体制下的工业化道路，不断调整工业结构，基于产业演进规律逐步促进产业结构优化升级，经历了消费导向型工业发展阶段、新型工业化阶段、技术密集型产业主导发展阶段。今天，中国是世界上唯一拥有联合国产业分类中全部工业门类的国家，五百种主要的工业产品中，我国有四成以上产品的产量位居全球第一。今天中国已成为世界第一工业大国，中国特色社会主义工业化道路取得巨大成功。

2. 科技革命成为推动生产力发展的主要动力

科学技术的不断变革推动着世界现代化的进程。从 18 世纪下半叶至今，人类社会经历了四次科技革命（也称为工业革命）：发端于 18 世纪六七十年代以蒸汽机的广泛使用为主要标志的第一次科技革命，19 世纪中后期以电力的发明和使用为主要标志的第二次科技革命，20 世纪五六十年代以原子能、电子计算机和空间技术的发展和应用为主要标志的第三次科技革命，以及今天以大数据、人工智能、量子通信为代表的第四次科技革命。可以说，每一次科技革命都推动和改变着人类社会的运转方式，推动着现代化的历史进程。

对于中国的现代化来讲，由于历史原因，我们错过了第一次科技革命和第二次科技革命。改革开放前三十年，我们独立自主、艰苦奋斗，为中国的工业化、现代化奠定了坚实的基础。1978 年改革开放以来，我们一路追赶，几乎是以每十来年就完成一场科技革命的速度，创造了中国奇迹。20 世纪 80 年代初，我们大力发展乡镇企业。1988 年中央实施了沿海发展战略，有力地助推了中国的第一次科技革命，到 20 世纪 90 年代中期，中国完成了以纺织业等轻工业为代表的第一次科技革命。1992 年邓小平南方讲话第二次解放了人们的思想，以此为起点，中国开启了以电力、内燃机、家用电器和中高端基础设施为代表的第二次科技革命。2001 年中国加入世界贸易组织（WTO），又大大推进了第二次科技革命的进程，到 2010 年中国已经成为世界上最大的制造业国家、世界上最大的工业国，这也标志着中国完成了第二次科技革命。中国第三次科技革命的起点大约在 20 世纪 90 年代中期，以 1994 年中国首次获准接入互联网为标志。这次科技革命的主要代表是信息化和通信产业，中国在第三次科技革命中的表现非常优秀，从起初的追跑、然后是并跑，到今天我们在部分领域居于领跑地位。现在，以人工智能、大数据、量子通信等为代表的第四次科技革命正在发生，可以非常自豪地讲，中国已经进入世界第四次科技革命的"第一方阵"。中国在一代人多一点的时间内，完成了"集四次科技革命为一体"的发展，极大地推动了中国现代化的进程。

（二）现代政治

如果说经济起飞是现代化的标志，那么政治制度的变革就是经济起飞的重要前提，现代化往往起源于矛盾冲突引发的政治制度变革。一般来讲，人类在走向现代化的过程中，专制的独裁统治会逐渐被民主的现代政治制度取代。在中世纪的欧洲国家，为了扩大商业规模、增加国家的财富，君主通过中央集权制度维持社会秩序、对阶级关系和经济活动进行调整。在国内，他们通过鼓励制造业发展提升商品的生产能力；在国外，通过开拓殖民地扩大商品的海外销售市场，促进了这一时期的经济发展。尽管专制王权可以促进工商业的发展，但是却无法带来真正的经济现代化转型。因为专制王权推动经济发展的本意是维护自身的利益，增加君主的收入，一旦有些事情违背君主自身利益，即便是有利于国家的发展，也断然不会被推行。这也就是说，专制王权会导致"诺斯悖论"，不能形成资本主义精神，无法推动经济起飞。民主是人类永恒的追求，也是现代化在政治上的重要表现。经济的快速发展需要克服王权、实现政治变革，形成自由宽松的民主制度环境。正因为如此，第一个完成了传统政治体制转型的英国，能首先迈向现代化也就不足为奇了。

17世纪的英国，国家利益和君主利益产生了冲突。君主为了维护自己的利益，不惜凌驾于国家利益至上，于是暴力革命将查理一世送上断头台，建立了共和国。然而，让人们没有想到的是，从专制中走来并不是民主，而是一场新的专制。英国人民很快就醒悟过来，认识到以牺牲生命为代价的暴力革命，是解决社会问题中最不经济的方法，最终极有可能以社会发展的停滞和倒退为其埋单。因此在政治斗争中，应该努力实现零伤亡，革命能不流血就不流血。1688年英国人选择了用非暴力革命的方法实现了民主变革。"光荣革命"确立了议会高于王权的政治原则，使得传统的政治体制得到了全面的改造，英国人从此结束了王权专制的统治，建立了君主立宪的政治体制，走向了现代法治。君主立宪制度为英国人追求思想自由和技术进步提供了条件，也为此后英国的经济发展和全面崛起创造了强有力的政治保障。英国也由此率先走向了工业革命，从此逐渐将世界甩到了身后，一步步走向了世界中心。历史证明，哪个国家能通过制度变革实现政治现代化，哪个国家就可以实现经济起飞，从而走向现代化。

中国在19世纪后期开启现代化道路之后，尽管经历了很多的曲折，但一直在不断地寻找适合我国国情的政治制度。君主立宪、总统制、议会制、多党制都试过了，结果都行不通。1921年中国共产党成立后，在领导中国革命的过程中，也在不断思考，在未来的中国将建立一种什么样的国家治理体系，并且在新民主主义革命时期进行了有益的尝试。比如说在抗日战争时期，为了团结一切力量共同抗日，建立广泛的抗日民族统一战线，我们党从1940年开始在抗日根据地实行了"三三制"的民主政权，即在抗日民主政权的工作人员中，共产党员、非党的左派进步分子、不左不右的中间派各占三分之一。而且抗日民主政权的产生，实行了"普选"。当时规定凡满十八岁的中国人，只要赞成抗日和民主，不分男女、民族、阶级、党派，都有选举权和被选举权。"三三制"对进一步巩固和扩大抗日民族统一战线，最大限度地争取和团结各阶层参与抗日，并最终夺取最后的胜利，具有非常重要的历史性意义。

什么是诺斯悖论

诺斯悖论又叫国家悖论，是由新制度经济学家诺斯提出的一个观点。诺斯认为，有效的产权制度对经济增长至关重要，而在产权的界定与保护中，国家出面解决的话成本是最低的。但是对于国家来说有两个目的：一是统治者收益最大化；二是社会总产出最大化。问题的关键在于，这两个目的有时候会发生冲突，就会出现国家在制定和保护产权的过程中，会对不同利益集团采取不同的政策，最后导致出现低效率的产权结构和经济衰退。这就是诺斯悖论：国家存在是经济增长的关键，同时又是经济衰退的根源。

新中国成立后，我国积极进行社会主义改造。通过没收官僚资本、发展国营经济、实现公私合作等举措，瓦解半殖民地半封建的经济结构，为现代化奠定经济基础和物质条件。社会主义改造完成之后，我国建立了高度集中的计划经济体制，为实现工业化的原始资本积累提供了制度保障。改革开放以来，邓小平同志反复强调制度建设的重要性。早在20世纪80年代，邓小平同志就指出，如果再不健全社会主义制度，老百姓就会问，为什么有些问题资本主义制度能解决，社会主义制度反而不行？这一时期，我国在社会主义根本制度不动摇的基础上，实现了经济体制从计划向市场的转变，更具有活力的社会主义市场经济体制推进了社会主义现代化的大踏步前进。党的十八大以来，习近平总书记高度重视制度建设。他指出，古往今来，大多数政权更迭、社会动荡，主要的原因都是没有形成有效的治理体系。党的十八届三中全会把完善和发展中国特色社会主义制度、推进国家治理体系和治理能力现代化确定为全面深化改革的总目标。而推进治理体系和治理能力的现代化，本质上就是要推动制度现代化。

三、现代社会

在走向现代化的进程中，先发国家表现出的现代化共性特征，除了现代经济、现代政治，还有一个非常显著的特征，就是这些国家都逐渐地形成了一个比较成熟的现代社会。社会的流动性是现代社会最本质的特征，具体表现在人可以自由的迁徙、通过努力阶层可以实现跃升等，这样的流动性为社会的成员创造了平等的机遇。回顾历史可以看到，在现代化进程中，先发国家实现社会流动性的关键是人的解放。可以这样讲，没有人的解放，就不会形成现代社会，而人的解放又是在漫长的斗争中逐步实现的。

在先发现代化国家中，庄园制的解体和文艺复兴对人的解放起到了非常重要的推进作用。中世纪西欧的庄园制度，农奴没有人身自由，被束缚于土地之上，劳动力从农业部门向非农业部门转移受到严重阻碍。到中世纪晚期，黑死病肆虐整个欧洲，大量人口的死亡使得劳动力出现了严重短缺，直接促进了农奴制度的解体。农奴制度解体后，土地经营方式也开始改变，领主将所有土地交给农民耕种，向农民收租，并将庄园的农产品拿到外面去销售。与此同时，农奴摆脱了原来的人身束缚状态，促进了人口的流动，农村市场也逐渐兴起并不断地扩大，在较早取消农奴制度的地区，资本主义得到了一定程度的发展。

如果说庄园解体给人带来的是身体解放的话，那么文艺复兴、宗教改革带给人类的是思想的解放。中世纪宗教神学用圣经教义禁锢着人民的思想，抹杀人性，否定人的价值。他们把上帝看作一切，强调上帝是无所不能的，所有的事情都是上帝的指示。当时的教会严格控制着科学思想的传播，很多的反映科学的书籍被烧掉，科学家如希柏提亚、布鲁诺等都被活活烧死，这种观念遭到了之后文艺复兴思潮的强烈抨击。发端于14世纪的文艺复兴，反对"神道"，提倡"人道"，即反对中世纪的宗教神学和禁欲主义教条，反对蒙昧主义对人的禁锢，强调个性解放，崇尚科学文化精神，摒弃一切传统的教条主义。文艺复兴发端于意大利，之后向欧洲各国扩展。它崇尚人文主义，肯定人性、赞扬人性，宣扬人权，主张理性主义，尊重人的价值。文艺复兴是人类思想解放的一次大的飞跃，其对人价值的肯定，促进了人对精神世界的追求，也促进了科学的发展，思想的解放也使得一大批走在世界前沿的人涌现了出来。

布鲁诺是意大利文艺复兴时期的伟大的思想家、哲学家。1548年，布鲁诺出生在意大利的一个小贵族家庭。1565年，布鲁诺进入了修道院学校攻读神学并获得了神学博士学位。在修道院学习期间，布鲁诺阅读了不少禁书，其中哥白尼的《天体运行论》对他影响最大。他开始对自然科学产生了兴趣并逐渐对宗教神学产生怀疑，写了一些批判《圣经》的论文。这些言行触怒了教廷，宗教裁判所指控他为异端。为了逃避审判，布鲁诺离开了修道院，最初逃到罗马、威尼斯，后来又辗转逃到瑞士、法国、英国等国。在流亡漂泊期间，布鲁诺坚持宣传唯物主义和新宇宙观的行为，又进一步引起了罗马宗教裁判所的仇恨。1592年，布鲁诺被诱骗回国后遭到逮捕，经过8年残酷折磨始终不肯屈服。1600年，布鲁诺在熊熊烈火中英勇就义。

人的解放促进了先发国家的现代化进程。因为人是建设现代化的主体，是现代化活动的实际承担者，所以人的现代化是现代经济和现代政治得以长期发展的客观要求，也是现代化的终极目标。所以从本质上来讲，现代化的核心是人的现代化。为了提高人的素养，先发现代化国家高度重视教育，对教育的投资力度非常大，它们在教育上也取得了很大的成就。早在19世纪下半叶的时候，英、美、法等国就已经普及了义务教育，之后高等教育也从最初的精英教育转变为大众教育。在教育的进一步推动下，人彻底摆脱了宗教的精神控制，开始通过自己的眼光来认识世界，通过自己的思考来判断世界，理性主义、科学主义、自由主义、民主理念等思想，逐渐成为先发现代化国家的观念支撑。最终这些思想观念又进一步推动了现代化的进程。

和先发现代化国家一样，在中国走向现代化的进程中，思想解放也起到了非常重要的作用。尤其是1915年由陈独秀、李大钊、鲁迅等人发起的新文化运动，高举民主与科学两面大旗，猛烈抨击封建复古势力。面对袁世凯登上总统宝座后发起的尊孔读经运动，陈独秀认为要实现真正的民主，必须消灭封建伦理思想。因此他发起了提倡民主、反对独裁，提倡科学、反对迷信，提倡新文学、反对旧文学、提倡新道德、反对旧道德的新文化运动，以启发民众的民主觉悟。新文化运动沉重打击了封建礼教在中国的统治，解放了民众的思想，有力地推动了我国现代科学的发展。同时也让我们深刻地认识到，中国的强大必须建立在思想解放和科学进步之上。

伟大的革命需要伟大的思想，人类社会每一次重大的发展，都离不开思想解放的先导。中国共产党的诞生就是无产阶级思想解放的结果。在长期的革命斗争中，中国共产党人不断地和教条僵化的马克思主义作斗争。为了解决中国革命的问题，我们党在延安时期通过整风运动确立了实事求是的思想路线。文化大革命结束后，我们进行了真理标准问题大讨论，再一次解放了思想，开创了中国特色社会主义道路。党的十八大以来，我们党进一步解放思想、开拓创新，围绕新时代面临的主题，形成了习近平新时代中国特色社会主义思想。这一重要思想既是我们解放思想的结果，又是进一步解放思想的遵循。实现人的自由而全面发展，是马克思主义者的最高理想。《共产党宣言》曾指出，只有每一个人得到解放，整个社会才可能得到解放。我们党从成立之日起，就把最终能实现人的自由全面发展的共产主义作为我们的奋斗目标。在领导中国革命的过程中，我们党带领中国人民进行了二十八年的浴血奋战，建立了新中国，让人民翻身成为国家的主人。新中国成立后特别是在改革开放以来，我们在不断夯实物质条件的同时，也高度重视文化的建设，努力推动人的全面进步。进入新时代，以习近平同志为核心的党中央把人民对美好生活的向往作为我们党的奋斗目标，坚持以人民为中心的发展思想，在推动物质现代化的同时，也积极促进人的思想观念的现代化。习近平总书记强调："人，本质上就是文化的人，而不是'物化'的人；是能动的、全面的人，而不是僵化的、'单向度'的人。"①

四、中国式现代化的中国特色

（一）人口规模巨大的现代化

人口问题是影响我国经济社会发展的全局性、战略性问题，现代化说到底是人的现代化。党的二十大报告系统阐述了中国式现代化五个方面的中国特色，其中"人口规模巨大"摆在第一条，这是全面建设现代化国家面临的最大国情。深刻理解这一重要特征，对我们走好全面建设社会主义现代化国家新征程具有深远的意义。

1. 人口规模巨大的现代化具有深远的世界意义

人口规模巨大，是我国最大的国情，也是中国式现代化最显著的特征。我国有 14 多亿人，约占世界总人口的 18%，是欧盟的 3 倍多、美国的 4 倍多、俄罗斯的 9 倍多、日本的 11 倍多。当今世界，实现现代化的国家和地区不超过 30 个，总人口不超过 10 亿人。我国 14 多亿人口整体迈进现代化，规模

---

① 李明. 新时代"人的全面发展"的哲学逻辑［N］. 光明日报，2019-02-12（6）.

超过现有现代化国家人口总和，这在人类历史上是空前的，将彻底改写世界现代化的版图，也必然产生更加深远的世界性意义，对人类文明作出更大的贡献。

新中国成立之初，中国共产党从国民党手中接过的是一个千疮百孔的烂摊子，当时我国是世界上最贫穷落后的国家之一。1949 年新中国的经济总量占世界比重仅 1.8%，人均国民收入仅有 27 美元，当时亚洲的人均国民收入是 44 美元，我国还不到亚洲平均水平的 2/3，仅为美国的 1/20。在列入统计的 141 个国家中，只有 10 个国家低于中国。《1981 年中国经济年鉴》数据显示，1949 年中国总人口 5.4 亿多人，其中 90%（约 4.8 亿人）生活在农村，基本处于极端贫困的状态；当年我国城镇、农村居民的恩格尔系数分别高达 80%、90% 左右。新中国成立之初，我国的钢产量是美国的 1/448，只有 15.8 万吨，还不够给全国的女同志每人打一根钢发卡；公路里程只有 8 万多公里，铁路里程也仅为 2 万多公里；棉花总产量为 44 万余吨，人均不足 2 斤。1949 年我国的医疗卫生机构只有 3600 多个，卫生技术人员仅有 50 多万人，人均预期寿命只有 35 岁；国民平均受教育年限只有 1 年，成人的文盲率高达 80%。可以说，新中国成立之初，人口多底子薄是真实写照。当年我国面对比世界上任何国家都更为严峻的现代化挑战，当然我国也拥有比任何国家都更加强烈的复兴意志。就是在这样的背景下，中国共产党人带领中国人民走上了现代化建设的艰辛探索。

七十多年来，一代又一代的中国共产党人，始终初心不改、使命不变，一茬接着一茬干、一棒接着一棒跑，带领中国人民自力更生、艰苦奋斗，只用了几十年的时间就完成了发达国家几百年走过的工业化历程，在一代人的时间里实现了"集四次工业革命为一体"的崛起。特别是 1978 年改革开放以来的四十多年，我国书写了经济快速发展和社会长期稳定这两大奇迹的壮丽篇章，为民族复兴奠定了坚实的物质基础和完善的制度保障。2021 年 7 月 1 日，在中国共产党建党一百周年庆祝大会上，习近平总书记代表党和人民庄严宣告，我们全面建成了小康社会，实现了第一个百年奋斗目标。新中国成立七十多年来，特别是党的十八大以来的精准扶贫、精准脱贫，让九成以上的极端贫困人口实现脱贫，解决了困扰中华民族几千年的绝对贫困问题，率先完成了联合国的千年发展目标。

统计数据显示，2020 年末我国经济总量突破了 100 万亿元人民币，占世界经济比重 17% 左右，稳居世界第二，人均国内生产总值突破 1 万美元；城镇、农村居民的恩格尔系数，从新中国成立之初的 80%、90% 降至 2023 年的 28.8%、32.4%；建成了世界上规模最大的社会保障体系，基本医疗保险覆盖超过 13 亿人，基本养老保险覆盖超过 10 亿人；全国共有包含医院、基层医疗卫生机构、专业公共卫生机构在内的多层次的医疗卫生机构 102.3 万个，拥有卫生技术人员 1066 万人；人均预期寿命从新中国成立之初的 35 岁上升到 2020 年的 77.3 岁；九年义务教育巩固率达 95.2%，高中阶段毛入学率为 91.2%，高等教育毛入学率为 54.4%。

从世界上最穷的国家到第二大经济体，从钢产量 15.8 万吨到世界第一工业大国，中华民族从积贫积弱走向了繁荣富强，中国人民过上了前所未有的美好生活。在全面建成小康社会的基础上，中国共产党将继续带领中国人民向第二个百年奋斗目标迈进。和当年全面小康的路上"一个都不能少"一样，今天在全面建设社会主义现代化国家新征程的道路上，我们党再次向人民许下庄严的承诺，中国式现代化不是一部分人的现代化，更不是少数人的现代化，中国式现代化是 14 亿中国人的现代化。我们党将始终坚持以人民为中心的发展思想，努力实现迈向现代化的路上"一个都不能少"。能够带领人口规模如此巨大的发展中国家整体迈进现代化，意味着世界上迈入现代化国家的人口将翻一番还多，中国在改变自己的过程中，也改变了世界。

恩格尔系数

19 世纪中期，德国经济学家恩格尔对比利时的家庭收入和消费结构进行调查后，提出了一个有规律的原理，用来揭示家庭收入和食物支出之间的关系，后来被命名为恩格尔定律。其主要内容是指一个家庭收入越低，用于购买食物的支出在家庭总支出中的比重就越大；反之，一个家庭收入越高，用于购买食物的支出在家庭总支出中的比重就越小。

恩格尔系数就是根据恩格尔定律得出的比例数。具体计算公式为：

恩格尔系数＝（食品支出金额/总支出金额）×100%

恩格尔系数是衡量一个国家或家庭富裕程度的指标。我们知道，食物是人类生存的第一需要，在收入水平比较低的情况下，用于食物的消费在家庭总支出的比重必然会较高，只有随着家庭收入的增加，消费的重心才可能向更高层次方面转移。因此，在其他条件相同的情形下，该系数较高，则说明该国家的居民收入较低，国家比较贫穷。反之，该系数较低，则说明该国家的居民收入较高，国家比较富裕。

根据恩格尔系数，联合国对世界各国生活水平作了划分：一个国家家庭平均恩格尔系数大于 60% 为贫穷阶段；50%～60% 为温饱阶段；40%～50% 属于小康阶段；30%～40% 为相对富裕阶段；20%～30% 属于富足阶段；小于 20% 为极其富裕阶段。

联合国千年发展目标

2000年9月，在联合国首脑会议上，成员国领导人就消灭极端贫困与饥饿、普及小学教育、男女平等与赋权女性、提升产妇保健条件、降低儿童死亡率、遏制艾滋病蔓延、保护全球环境、促进全球发展合作等八项议题，商定了一套有时限的目标。在这次会议上，189个国家签署了《联合国千年宣言》，一致通过了这项计划，被称作联合国千年发展目标。这些目标从极端贫困人口减半、遏制艾滋病蔓延到降低儿童死亡率等，用于满足全世界最穷的人的需求，这些目标的实现最终需要全世界所有国家全力以赴共同努力。

2. 人口规模巨大是挑战，更是机遇

14多亿人口整体迈进现代化，艰巨性、复杂性前所未有。英国在18世纪下半叶开启现代化的时候，人口仅仅1000多万，美国在20世纪后领跑现代化的时候，人口也才1亿多。在中国这样一个人口超大规模的国家实现现代化，其挑战之大、难度之大可想而知。惟其艰难，方显伟大；惟其艰巨，所以荣光。正如习近平总书记所强调的，我国的现代化虽然是最难的，但也是最伟大的。

人口规模巨大的直观感受

中国在1750年成为世界第一人口大国，当时占世界人口比重为28%，一直到今天，中国始终是世界上人口最为庞大的国家。在新中国成立之初的1950年，中国拥有5.54亿人口，占世界人口的比重为21.9%。从1960年到2021年，世界人口总量从30.22亿增加到78.25亿，同期中国人口从6.65亿增加到14.12亿，尽管这一时期中国人口占世界比重从22.03%下降到18.02%，但中国始终是世界第一人口大国。世界银行数据库资料显示，截至2021年，世界人口总量排名前10的国家分别是中国（14.12亿）、印度（13.93亿）、美国（3.32亿）、印度尼西亚（2.76亿）、巴基斯坦（2.25亿）、巴西（2.14亿）、尼日利亚（2.11亿）、孟加拉国（1.66亿）、俄罗斯（1.43亿）、墨西哥（1.30亿）。除了世界第二人口大国印度之外，中国和其他8个国家的人口规模存在巨大的差距，中国的人口总量甚至比世界人口排名第4到第10这7个国家的总人口还要多。

人口规模巨大意味着更大的挑战。首先，资源环境的可持续发展面临巨大的压力。超大规模的人口也就意味着对资源环境的需求量巨大，但是众所周知，中国既是一个资源大国，又是一个资源小国。从总量上来看，我国很多资源储藏量在世界排名都很靠前，但是由于人口规模巨大，人均的资源占有量都不到世界的平均水平。比如，我国耕地总面积居世界第 4 位，但是人均耕地占有量居世界第 63 位、仅为世界平均水平的 40% 左右；森林面积居世界第 5 位，但人均占有量居世界第 80 位、仅仅相当于世界平均水平的 20%；水资源总量居世界第 6 位，但人均占有量居世界第 119 位、仅为世界平均水量的 25%，中国是全球 13 个贫水国家之一。由此可见，中国的人均资源占有量在全世界处于相对不利的地位。哈佛大学著名教授麦克法夸尔曾经深刻地描述中国，"没有其他国家在全力向现代化工业冲击之前，具有人数通常为它两三倍的如此众多和稠密的农村人口"。在这样的国情下，随着经济社会发展水平的提升，人民对美好生活的需求会展现出更加广泛、更高层次的特征。特别是随着全面现代化建设的推进，人民的消费需求会不断升级，对居住、就医、教育、就业、收入等会有更高的期盼。消费升级也就意味着对粮食、能源、环境等资源的索取会增加，资源环境将会面临更大的压力。

其次，经济社会发展不平衡的挑战将长期存在。对于一个国家来讲，人口规模越大，也就意味着实现经济社会平衡发展的难度也越大。从现实的情形来看，我国城乡之间、区域之间、行业之间发展的差距仍然很大。《中华人民共和国 2022 年国民经济和社会发展统计公报》显示，2022 年全国居民人均可支配收入为 36883 元，其中城镇居民人均可支配收入为 49283 元，是农村居民人均可支配收入（20133 元）的 2.45 倍。将全国居民五等份收入分组，我国高收入组的人均可支配收入（90116 元）是低收入组（8601 元）的 10 倍多。在 14 多亿人口整体迈向现代化的过程中，尤其是当前人口老龄化对就业、社保等冲击的背景下，在进一步巩固先发地区、先富人群优势的基础上，通过补齐各方面的发展短板，千方百计缩小不同地区、不同人群之间的发展差距任重道远。

人口规模巨大还意味着更多的机遇。首先，超大规模人口提供了充裕的劳动力资源。就人口规模来讲，大有大的难处，但是大也有大的优势。在全面建设社会主义现代化的过程中，十几亿人口所迸发出的动能是中国式现代化的重要推动力量。国家统计局数据显示，我国劳动年龄人口接近 9 亿，每年新增劳动力都超过 1500 万，丰富的劳动力资源依然是我国突出的优势。更加重要的是，我国劳动年龄人口受教育程度持续提升。2022 年，我国 16 岁到

59 岁劳动年龄人口的平均受教育年限比 2020 年、2021 年分别提高 0.18 年、0.11 年，达到了 10.93 年，再加上 2.4 亿接受过高等教育的人口，中国的人口红利没有消失，人才优势正在形成。现代化的本质是人的现代化，面向未来，随着我国人口素质的进一步提高，人才优势将为产业结构升级提供更加有力的支撑，为经济高质量发展提供更加强大的动力引擎。

其次，超大规模人口意味着巨大的市场规模优势。众所周知，我国拥有 14 多亿人口、4 亿多中等收入群体，形成了一个庞大的市场规模和由它产生的规模效应。这种规模效应为新技术、新业态、新产业提供了丰富的应用场景。比如我国的电子商务、物流、人工智能、高速铁路、制造业、互联网等行业的迅速发展，都得益于这种规模效应。如果从更深层次意义来看的话，中国的人口规模效应还能引领世界有关规则和标准的改变。比如说当前以人工智能、量子技术、清洁能源等为代表的第四次工业革命，其基本动力源都是大数据。因为无论是纳米技术、3D 打印、移动网络和传感器、材料科学等，都必须以大数据为能源来驱动系统运行。毫不夸张地讲，未来谁占领了大数据的制高点，谁就会引领第四次工业革命。中国巨大人口规模所产生的数据，无论是广度还是深度，都是其他国家所无法比拟的。数据产生的越多，对于人工智能的算法改进帮助越大，越有利于推进技术快速进步。另外，当前我国正在加快构建以国内大循环为主体、国内国际双循环相互促进的新发展格局，超大规模市场也为新发展格局的构建提供了强有力的消费支撑。

3. 人口规模巨大意味着必须走自己的现代化道路

在人类历史上，至今还没有一个超过 10 亿人口的国家成功实现现代化的先例。美国总人口 3.32 亿，是当前实现现代化国家中人口最多的国家，比我国人口总量还要少 10 多亿。因此对于我国来讲，超大规模人口国家整体迈进现代化，还意味着没有现成的经验可以遵循，没有成熟的模式可以复制，我国不可能通过简单模仿的拿来主义实现本国的现代化。必须从中国的现实国情和实际需求出发，发扬逢山开路、遇水架桥的精神，探索一条适合自己的现代化道路。

回望历史，西方国家是最早完成现代化的国家。因此在很长一段时间，现代化的话语权在西方，西方现代化模式似乎成为其他国家唯一可以模仿的样本，西方国家也曾一度为发展中国家开出了实现现代化的"万能药方"。该"药方"的基本主张是经济上实行私有化、市场化、自由化，政治上推行民主化。20 世纪以来，很多发展中国家不顾自身发展的实际情况，简单复制西方模式，虽然也曾经有过一时的经济繁荣，但最终的结果却是灾难性的。一些国家由于其政府缺乏领导经济社会发展的能力，最后出现了政治上变成西方国家的附庸、经济上被外国资本所控制的现象；还有一些国家出现了经济衰退、社会动荡、甚至政权频繁更迭的严重"水土不服"现象。

我们以西方国家在非西方世界强行推行的民主化为例。一直以来，西方国家认为，发展中国家在走向现代化的过程中，政治上必须要实行民主化改造。当然政治民主化一定是走向现代化的正确方向，因为民主的对立面是专政，走向现代化的过程一定是包含着政治领域在内的各个领域的转型。但是问题的关键是，如何界定民主？在西方国家看来，真正的民主只有多党制加普选制这一种形式，凡不是采用这种形式的都是假民主，因此它们极力地向全世界推销这种民主。比如，美国前总统小布什当年认为，阿拉伯国家之所以恐怖主义盛行，主要原因是因为这些国家不是民主国家。因此在2003年美国发动伊拉克战争的时候，小布什推出了阿拉伯民主改造计划，强行在阿拉伯国家植入西方民主形式。但是这个计划只实行到2006年，因为那一年巴勒斯坦用西方民主一人一票选举产生的哈马斯政权，就是美国人眼中典型的恐怖主义组织。但是到了2010年末，中东地区出现动荡的时候，美国又开始蠢蠢欲动，再次在中东地区推行民主改造运动，也就是所谓的"第二波民主化"。当时的西方世界欢呼一片，认为随着伟大的西方民主在这些国家降临，阿拉伯人民马上就会迎来他们的春天。但是我们最后看到的是"阿拉伯之冬"而不是"阿拉伯之春"。事实上，世界上本就没有"真民主"和"假民主"之分，而只有"好民主"和"坏民主"的区别。能造福于人民的民主是真正的好民主，而给人民带来灾难的，无论采用哪一种形式都是坏民主、假民主。比如，德国人在1933年用多党制加一人一票选举产生的希特勒，不仅给德国带来了灭顶之灾，而且几乎摧毁了整个西方文明。

历史经验一再证明，每一个国家的民主政治一定是与这个国家的历史文化、传统习俗、风土人情等紧密相关的，世界上没有一种民主形式能放之四海而皆准。2014年习近平总书记在布鲁日欧洲学院的演讲中就指出，两千多年前的中国人就明白一个道理，那就是"橘生淮南则为橘，生于淮北则为枳"。之所以会出现同样的种子结出不同果实的现象，道理非常简单——水土不同。同样的道理，在人类历史上，没有一个国家可以通过简单复制别国的模式来实现自己国家的现代化。虽然现代化的方向是绕不开的，对于每一个发展中国家而言，现代化一定是必须正视的历史潮流和竭尽全力的无尽追求，但是走向现代化的道路一定是可以选择的。每一个国家都应该结合自己的国情，选择一条适合自己的现代化道路。正如习近平总书记在党的二十大报告中强调的："我们始终从国情出发想问题、做决策、办事情，既不好高骛远、也不因循守旧，保持历史耐心，坚持稳中求进、循序渐进、持续推进。"①

从"阿拉伯之春"到"阿拉伯之冬"

"阿拉伯之春"是指发生在阿拉伯国家的一次革命浪潮。2010 年 12 月 17 日，一位 26 岁的突尼斯年轻人，因为找不到工作无奈做起小贩生意，期间遭到当地警察的欺压，愤而自焚不治身亡。这个事件点燃了突尼斯人长期以来对政府不满的怒火，包括大学生、产业工人在内的大量民众上街示威游行，最终形成全国范围大规模的社会动乱，进而导致本·阿里政权在不到一个月的时间垮台。突尼斯动乱是"阿拉伯之春"的起点。相同的文化、语言背景使得突尼斯动乱很快蔓延到其他的阿拉伯国家。之后，埃及、利比亚、也门等国也相继出现了全国大范围的社会骚乱和政权更迭。

阿拉伯国家的这次革命浪潮，被西方媒体冠以为实现自由民主而斗争，其中不乏有一些西方大国在背后充当推手，主要目的就是推翻这些国家原来的政权。西方媒体宣扬，推翻旧政权的阿拉伯人民，将迎来自由和民主，阿拉伯人民的春天马上就要来临了。因此他们把阿拉伯国家的这次革命浪潮称为"阿拉伯之春"。但是时至今日，阿拉伯人民并没有迎来他们的春天。一些国际组织评估，这次革命浪潮导致上万亿美元基础设施的毁损，超过上百万人死亡，1500 多万人沦为难民。"阿拉伯之春"最终变成"阿拉伯之冬"。

（二）全体人民共同富裕的现代化

在社会主义现代化建设的发展历程中，实现共同富裕始终是中国共产党人孜孜以求的奋斗目标。尤其是全面小康顺利实现之后，共同富裕就成为全党和全国人民高度关注的焦点。党的二十大报告明确指出，中国式现代化是全体人民共同富裕的现代化。国之称富者，在乎丰民。全体人民共同富裕的

---

① 习近平. 高举中国特色社会主义伟大旗帜　为全面建设社会主义现代化国家而团结奋斗——在中国共产党第二十次全国代表大会上的报告（2022 年 10 月 16 日）［M］. 北京：人民出版社，2022：22.

现代化也必将成为人类现代化版图中最耀眼的星光。

1. 共同富裕是社会主义的本质要求

马克思恩格斯生活在资本主义大发展时代，对当时社会存在的贫富两极分化有着深刻的认识。马克思在《一八四四年经济学手稿》中就曾尖锐地指出："劳动为富人生产了奇迹般的东西，但是为工人生产了赤贫。"[①] 19世纪40年代，恩格斯深入实地调查英国当时的社会状况，亲眼目睹到工人阶级在创造巨大财富的同时，自己的生活却日益贫困的悲惨境遇，写下了《英国工人阶级状况》，这部著作逼真地展现了资本主义制度下，社会贫富分化的情景。马克思恩格斯在对资本主义制度下贫富分化现象的深入分析和批判中，孕育出共同富裕的思想。他们认为，随着生产力的不断发展，社会主义一定会取代资本主义，社会主义制度一定会超越资本主义制度下的贫富对立。随后马克思在《一八五七——一八五八年经济学手稿》中明确指出，在未来的社会主义制度中，生产力的发展将如此迅速，生产将以所有人的富裕为目的。

实现共同富裕是中国共产党矢志不移的奋斗目标。新中国成立后，我们党团结带领人民走出了一条中国特色的共同富裕之路。在1953年中共中央通过的《关于发展农业生产合作社的决议》中，我们党首次明确提出了共同富裕的概念。1955年在资本主义工商业社会主义改造座谈会上，毛泽东同志明确指出："现在我们实行这么一种制度，这么一种计划，是可以一年一年走向更富更强的，一年一年可以看到更富更强的。而这个富，是共同的富，这个强，是共同的强。"[②]

改革开放以后，在深刻总结正反两方面历史经验的基础上，我们党提出在社会主义初级阶段，允许让一部分地区、一部分人通过辛勤劳动先富起来，先富起来的人必然会产生示范力量，影响带动其他地区、其他人向他们学习，最终使全国各族人民都富裕起来。这一时期，邓小平同志的思路非常明确，指出贫穷不是社会主义，没有财富的增加，不可能实现共同富裕。因此社会主义初级阶段一定要形成竞争、鼓励先进，加快生产力的发展。但与此同时，邓小平高度重视在经济发展过程中出现的贫富差距问题。他深刻指出，社会主义不是少数人富起来、大多数人穷，社会主义最大的优越性是共同富裕。他认为如果政策导致出现了两极分化的现象，那政策就失败了。他对于缩小贫富差距、避免两极分化提出了自己的设想和时间表，也认识

---

① 田超伟. 马克思恩格斯共同富裕思想及其当代价值 [J]. 马克思主义研究, 2022 (1).

② 史守林. 推进全体人民共同富裕的现代化 [N]. 经济日报, 2023-02-23.

到解决分配问题比解决发展问题还要困难。发展起来之后，先富如何带动后富，最终实现共同富裕？需要新时代中国共产党人在实践探索中给出答案。

实现共同富裕是社会主义的本质要求。党的十八大以来，党中央高度重视共同富裕的问题，把逐步实现全体人民共同富裕摆在更加重要的位置。2012年12月，十八大闭幕之后不久，习近平总书记就提出，实现共同富裕是社会主义的本质要求。他多次强调，实现共同富裕，是人民群众的共同期盼，也是中国共产党的使命任务；我们推动经济社会发展，最终的目的还是为了实现全体人民共同富裕。众所周知，西方国家的现代化以资本为中心，追求资本利益最大化，导致出现贫富差距过大和两极分化的严重问题。一些发展中国家由于没有处理好两极分化、中产阶级塌陷等问题，最终出现经济衰退、社会撕裂、民粹主义泛滥等现象，陷入了"中等收入陷阱"，这些教训极其深刻。

中国式现代化始终坚持以人民为中心的发展思想，把努力实现人民对美好生活的向往作为我国现代化建设的出发点和落脚点，着力维护和促进社会的公平和正义，坚决防止贫富两极分化，团结带领人民向着共同富裕的目标不懈奋斗，以期早日实现人民群众的共同期盼。党的十八大以来，以习近平同志为核心的党中央把握发展阶段的新变化，深入实施区域协调发展战略，采取有力措施保障和改善民生，通过精准扶贫消除了绝对贫困，如期胜利实现全面小康第一个百年奋斗目标，为今后推动共同富裕奠定了坚实的基础。2021年8月17日，习近平总书记在中央财经委员会第十次会议上的讲话中明确提出："现在，已经到了扎实推动共同富裕的历史阶段。"新时代新征程，迈向第二个百年奋斗目标的道路上，必须坚持以人民为中心的发展思想，采取切实有效的手段，扎实推进共同富裕，夯实我们党长期执政的基础。

2. 实现共同富裕，"蛋糕"要做大还要分好

实现共同富裕，首先要把"蛋糕"做大。科学社会主义之所以称为科学，是因为它是建立在唯物史观基础之上的，这是它与空想社会主义本质的区别。从共同富裕的角度来看，尽管空想社会主义对资本主义制度下出现的贫富分化进行了批判，但也仅仅是从理性、正义等方面进行了道德谴责，没有认识到实现共同富裕需要赖以依靠的物质基础与制度前提等，因此它提不出实现共同富裕的有效路径。科学社会主义则不同，它不仅对资本主义社会的贫富两极分化现象进行了深刻的批判，还对此进行了深入的"病理学"分析，揭示了资本主义制度下贫富两极分化的根源，最后指出贫富分化的资本主义必然灭亡、共同富裕的社会主义必然胜利。而且科学社会主义还提出，实现共同富裕有一个前提条件，那就是社会生产力高度发达。马克思恩格斯认为，如果没有高度发达的社会生产力，没有物质财富的极大丰富，就会出现普遍化的贫穷现象，而在这种情形下，社会将会出现重新开始争夺必需品的斗争，一切污浊陈腐的东西也必然会死灰复燃。正如恩格斯在《共产主义原理》中指出的："只要生产的规模还没有达到不仅可以满足所有人的需要，而且还有剩余产品去增加社会资本和进一步发展生产力，就总会有支配社会生产力的统治阶级和贫穷的被压迫阶级。"① 也就是说如果生产力不够发达，那么共同富裕就会缺乏充分的物质基础。因此只有生产力发展到很高的水平，消除了贫困和人们之间的生存竞争，社会成员才有可能平等自由地参与到生产和成果的分配中去，社会主义制度才有可能最终战胜资本主义制度而真正的确立下来。

从中国共产党的百年奋斗历史来看，对于生产力发展的重要性，我们党始终是清醒的。早在 1944 年 5 月，毛泽东同志就明确提出，如果我们共产党人解决不了经济问题，人民就不一定会拥护我们。1945 年党的七大召开的时候，毛泽东同志又提出，检验一个政党的好坏，归根到底是看它束缚生产力还是解放生产力。新中国成立初期毛泽东同志强调，我们建立新政权以后，最根本的任务就是发展生产力。纵观毛泽东的一生，他对于解放和发展生产力从来没有动摇过，文化大革命结束后，我们党作出了把工作中心转移到经济建设上来的历史性决策。邓小平同志深刻指出，发展是硬道理、是当前最大的政治，整个社会主义阶段的中心任务就是发展生产力。改革开放和社会主义建设新时期，正是由于坚持把发展作为党执政兴国的第一要务，中国经济保持了年均增长率接近两位数的高速增长，创造了第二次世界大战结束后一个国家经济高速增长持续时间最长的奇迹，实现了从一个贫穷落后的国家到经济总量跃居世界第二的历史性突破，使得我国的综合国力显著增强、国际地位和影响力显著提高。

党的十八大以来，面对稳居世界第二大经济体、全面小康胜利实现、世界第一制造业大国、世界上唯一拥有完整工业体系的国家等这样一系列成就的时候，我们深知这些成就取得的根本原因就在于我们始终坚持以经济建设为中心，坚持解放和发展生产力。进入新时代，尽管我国主要矛盾发生了变化，但是社会主义初级阶段的基本国情和世界上最大的发展中国家的国际地

---

① 田超伟. 马克思恩格斯共同富裕思想及其当代价值 [J]. 马克思主义研究，2022 (1).

位没有变，这是我们谋划发展的最大实际。习近平总书记深刻指出，要毫不动摇坚持以经济建设为中心，坚持发展是党执政兴国的第一要务、发展应该是高质量发展的战略思想，通过全国人民共同奋斗把"蛋糕"做大做好，为共同富裕奠定雄厚的物质基础。

实现共同富裕，还要把"蛋糕"分好。共同富裕是全体人民的共同富裕。马克思恩格斯当年在阐述共同富裕主体的时候，强调的是社会的全体成员，这是由马克思主义的群众史观决定的。马克思认为，人民群众是历史和财富的创造者，在未来的社会主义社会，应该是所有的人共同来分享大家创造的财富。马克思恩格斯一生致力于全人类的解放运动，全人类的解放在经济层面就表现为全体社会成员的共同富裕。对于处于社会主义初级阶段的中国来讲，我们今天共同富裕的主体是全体中国人民。这既体现了马克思主义共同富裕普遍性的思想，又反映出鲜明的中国特色与时代特色。习近平总书记多次强调，共同富裕不是少数人的富裕，而是全体中国人民都要享有富足的生活。如何实现共同富裕的路上一个都不能少？习近平总书记深刻指出，14亿中国人共同奋斗将"蛋糕"做大做好之后，还要通过合理的制度将"蛋糕"分好。

在坚持和完善社会主义基本经济制度中分好"蛋糕"。马克思主义认为，以公有制为基础的社会主义经济制度是共同富裕的最基本的制度前提。首先要坚持和完善公有制为主体、多种所有制经济共同发展的所有制制度。公有制经济是富国富民的支柱，是保障全体人民共同富裕的基石，要毫不动摇巩固和发展公有制经济。深化国有企业改革，探索公有制多种实现形式，做强做大国有资本；发展壮大农村集体经济，在农村建设共同富裕的现代化基本单元。民营经济是社会财富的基础，是中国经济社会发展的重要支撑力量。没有民营经济的参与，就没有今天现代化建设的伟大成就，要毫不动摇鼓励、支持和引导非公有制经济发展。其次要坚持按劳分配为主体、多种分配方式并存的分配制度。当前我国中等收入群体规模不足、标准偏低，不同地区之间、行业之间收入差距较大。要以共同富裕为导向，进一步深化收入分配制度改革，初次分配要根据各种生产要素的贡献，依靠市场机制进行分配，注重效率；再分配起主导作用的是政府，要更加注重公平，通过直接收入转移、基本公共服务的提供、完善税收等再分配制度，对初次分配的结果进行调节，以弥补初次分配的不足；三次分配基于自愿的原则，动员社会力量，以捐赠、资助等慈善方式进行社会共济。通过构建公平合理的收入分配格局，努力扩大中等收入群体的比重，推动形成两头小、中间大的橄榄形分配结构。要坚持和完善社会主义市场经济体制。在基本经济制度中，所有制制度和分配制度的有效运行，离不开社会主义市场经济体制的保障。将社会主义和市场经济结合起来，是我们党的一个伟大创举。既可以利用市场经济来提高资源配置效率，从而做大做好"蛋糕"，又可以充分发挥社会主义制度的优越性来分好"蛋糕"，促进实现共同富裕。

3. 共同富裕是分阶段渐进实现的过程

共同富裕是全体人民的共同富裕，但是共同富裕绝对不是同时、同步、同等富裕。

共同富裕不是同时富裕。我国幅员辽阔、人口众多，各地区之间的发展基础和资源条件存在的差异非常大，这也就意味着不可能所有地区、所有人同时达到同一个富裕的水准。我们不能期望通过"打土豪分田地"等极端的方式，让所有人在同一个时间点实现富裕。因为这种形式违背了客观经济发展规律，不仅不可能让所有人实现同时富裕，而且还有可能打击劳动者的积极性，使经济社会发展停滞不前，最终导致共同贫穷。因此，要鼓励一部分地区、一部分人通过辛勤劳动先富起来，先富起来之后会产生示范作用，带动其他地区、其他人向他们学习，通过先富带后富，最终实现所有人的富裕，这是符合经济社会发展规律的共同富裕之路。

共同富裕不是同步富裕。实现共同富裕是一个长远目标，也是一个从局部到整体、从量变到质变的动态发展过程，不可能一蹴而就。回顾我国现代化建设的历程，从温饱问题的解决到消除绝对贫困，从总体小康的实现到全面小康的完成，我国所取得的一切成就，靠的就是遵循客观经济规律，秉持实事求是的精神，科学制定发展策略，在分阶段、分步骤中有序推进。同样推进共同富裕也是一个循序渐进的过程，等不得也急不得，我们不能要求所有地区、所有人"整齐划一齐步走"。必须正确认识我国发展所处的阶段与方位，充分估计这项任务的长期性、复杂性和艰巨性，各地要因地制宜探索有效路径，有计划、分步骤有序推进，在从局部到整体、从量变到质变的进程中逐渐实现共同富裕。

共同富裕不是同等富裕。共同富裕是在消除两极分化基础上的普遍富裕，而不是"平均主义"。缩小城乡之间、地区之间、不同群体之间的收入分配差距以及财产占有上的差距，是社会主义推进共同富裕的题中应有之义。但是这并不意味着完全消除差距，而是应该将这一差距控制在合理的范围内，逐步扩大中等收入群体的比重。尤其是现在，我国仍然处于社会主义初级阶段，发展不平衡不充分的问题仍然很突出，如果强行采取"杀富济贫"，盲目搞平均主义的"大锅饭"，相当于削峰填谷，最后可能变成死水一潭。因此，推进共同富裕必须承认个人能力、产权、社会分工、生产资料占有等差别的存在，最大限度调动全体社会成员的积极性，共创"各美其美、美美与共"的美好生活。

总之，把共同富裕看作同时、同步、同等富裕，既不现实更不科学。实现14多亿人的共同富裕，是一个长期的历史过程。必须牢牢把握我国仍处于并将长期处于社会主义初级阶段这个最大的国情和最大的实际，推进共同富裕要与我国发展水平相适应，不能超越经济发展阶段。一方面，增加居民收入、提高社保水平要立足客观实际，不随意吊高群众胃口，不作实现不了的承诺。另一方面，在经济发展和财力允许的基础上，加强基础性、兜底性民生保障建设，尽力保障和改善民生。2000多年前战国末期思想家荀子就曾指出，"道阻且长，行则将至，行而不辍，则未来可期"。幸福生活是奋斗出来的，共同富裕不是政府包干，也不是有的干、有的看，更不是躺平主义等着天上掉馅饼，共同富裕需要全体人民充分发挥聪明才智，用苦干实干的冲劲、水滴石穿的韧劲，脚踏实地、久久为功，人人劳动、人人尽力，共同创造社会财富，共同分享发展成果。我们要保持历史耐心，积小胜为大胜，朝着全体人民共同富裕的目标奋勇前进。

（三）物质文明和精神文明相协调的现代化

一个民族的复兴不仅需要强大的物质基础，还需要强大的精神力量。党的二十大报告将物质文明和精神文明相协调明确为中国式现代化的重要特征之一，充分体现了我们党领导的现代化是以人民为中心的现代化。在推进全面建设社会主义现代化的进程中，不仅要让人民仓廪实衣食足，而且还要通过丰富人民精神文化生活，实现人人知礼节明荣辱，最终实现人的全面发展和全面进步。

1. "两个文明"相协调是中国式现代化的题中应有之义

习近平总书记指出："人民对美好生活的向往，就是我们的奋斗目标。"美好生活是全方位、多层次的，除了物质生活之外，还包括民主、法治、公平、正义、环境等多方面内容。因此"两个文明"协调发展，是中国式现代化的题中应有之义。

从理论上看，这是对马克思主义文明理论与中华文明理论的继承和发展。唯物史观认为，物质文明和精神文明，是人类在从事社会生产活动中获取全部成果的总结和结晶，人类社会发展是以"两个文明"共同进步为前提和目标的。物质文明和精神文明互为条件、相互促进，共同构成了丰富多彩的人类文明。首先，物质文明为精神文明提供前提条件。马克思认为，人的社会存在决定着人的意识，人类的第一个历史活动是生产物质生活本身，而物质生活又制约着精神生活的生产。在《〈政治经济学批判〉序言》中，马克思就曾深刻指出"物质生活的生产方式制约着整个社会生活、政治生活和精神生活的过程"。其次，精神文明对物质文明具有能动的反作用。恩格斯在1890年致康·施米特的信中写道："物质生存方式虽然是始因，但是这并不排斥思想领域也反过来对这些物质生存方式起作用。"这段话深刻阐明了精神文明为物质文明提供智力支撑的同时，还影响着物质文明发展的进程和方向。"两个文明"协调发展的思想还根植于五千年中华文明的富饶沃土，中华传统文化所孕育的"仓廪实而知礼节、衣食足而知荣辱""见利思义、以义制利、先义后利""不义而富且贵，于我如浮云"精神内核，蕴藏着物质富裕与精神富足的辩证统一关系。物质文明和精神文明相协调的现代化，体现了我们党对中华文明理论的继承和弘扬。

从历史上看，这是对中国共产党"两个文明"建设经验的深刻总结。尽管物质文明、精神文明建设的概念最早提出的时间是在改革开放之初，但是"两个文明"建设是我们党一以贯之的不懈追求，熔铸于我们党领导革命、建设和改革开放的百年历程中。1940年在《新民主主义论》中，毛泽东同志就深刻指出，"我们不但要把一个政治上受压迫、经济上受剥削的中国，变为一个政治上自由和经济上繁荣的中国，而且要把一个被旧文化统治因而愚昧落后的中国，变为一个被新文化统治因而文明先进的中国"。[①] 1949年新中国成立之后，毛泽东同志提出"两大建设"的任务，指出共产党将领导人民克服一切困难，进行大规模的经济和文化建设，从而改善和提高人民的物质文化生活。之后在擘画中国的现代化建设时，毛泽东同志将科学文化建设纳入我国现代化建设的主要内容，体现了社会主义现代化"两个文明"协调发展的思想。改革开放以来，在领导人民推进现代化建设的进程中，我们党创造性地提出精神文明建设的战略任务，并且确立了物质文明、精神文明"两手抓、两手都要硬"的方针。邓小平同志深刻指出，我们在建设物质文明的同时，还要通过发展丰富多彩的文化生活、提高全社会的文化水平等方式，来建设社会主义的高度精神文明。江泽民同志提出，建设中国特色社会主义，物质文明、精神文明建设缺一不可，必须都要搞好。胡锦涛同志指

---

① 毛泽东. 毛泽东选集（第二卷）[M]. 北京：人民出版社，1991：663.

出，要把解放发展生产力和提高整个民族的文明素质结合起来，推动两个文明协调发展。

从实践上看，这是在新时代现代化建设实践中的理论升华。党的十八大以来，以习近平同志为核心的党中央，深刻总结人类现代化建设中正反两方面的经验教训，统筹推进"五位一体"总体布局、协调推进"四个全面"战略布局，在推进现代化建设的实践中，把"两个文明"协调发展的理念推向新的境界。习近平总书记指出，中华民族的先人们早就向往物质生活充实、道德境界高尚的大同世界，我们要以辩证的、平衡的理念处理好物质文明和精神文明之间的关系。他还强调，物质贫乏不是社会主义，精神贫乏也不是社会主义。"实现中国梦，是物质文明和精神文明均衡发展、相互促进的结果。没有文明的继承和发展，没有文化的弘扬和繁荣，就没有中国梦的实现。"① 新时代以来，我们党在推进现代化建设的进程中，高度重视物质文明和精神文明的建设。一方面，坚持以经济建设为中心，不断解放和发展生产力，创造更多更好的物质财富，夯实人民美好生活的物质条件；另一方面，我们在传承中华优秀传统文化、继承革命文化的基础上，大力发展社会主义先进文化，不断满足人民精神文化的需要。党的二十大报告将物质文明和精神文明协调发展明确为中国式现代化的重要特征之一。

与西方资本主义国家一味追求物质富足单向度的现代化不同，中国式现代化是以人民为中心的现代化，是追求社会全面发展、全面进步的现代化。雄厚的物质基础带给人民丰裕的物质享受，繁荣的社会主义先进文化在带给人民丰盈的精神生活的同时，还能起到凝聚中国精神、汇聚中国力量的重要作用。尤其是越到紧要关头、危难时刻，中华文化中"众志成城""人心齐、泰山移"的基因能焕发出强大的凝聚力，支撑我们战胜一切的艰难险阻。比如，2020 年面对突如其来的新冠疫情，在党中央的坚强领导下，广大医务者挺身而出、救死扶伤，人民解放军闻令而动、勇挑重担，人民群众团结一致、守望相助，社会各界捐款捐物、同舟共济，14 多亿中国人民勠力同心、团结协作战胜了这场危机和苦难。物质文明与精神文明如车之两轮、鸟之两翼，只有协调发展，才能满足人民日益增长的美好生活需要。当前面向全面建设社会主义现代化国家新征程，我们要以更大的决心和勇气，下大气力持之以恒地推动"两个文明"协调发展。

---

① 习近平在联合国教科文组织总部发表演讲强调让中华文明同世界丰富多彩的文明一道，为人类提供正确的精神指引和强大的精神动力 [N]. 人民日报，2014-03-28 (3).

2. 大力推进物质文明建设，夯实现代化的物质基础

推进经济高质量发展，为中国式现代化提供更坚实的物质基础。物质贫乏不是社会主义，中国式现代化是物质富裕的现代化。新时代新征程完成我们党的使命任务，首先需要高度发达的物质文明。没有坚实的物质基础，全面现代化也不可能顺利实现。必须毫不动摇坚持经济建设的中心地位，大力推进物质文明建设，夯实现代化的物质条件。当前中国经济已经取得了举世瞩目的成就，经济总量稳居世界第二，人均 GDP 超过 1.2 万美元，困扰中华民族几千年的绝对贫困问题得到历史性解决。但与此同时也必须认识到，中国仍然是最大的发展中国家，与发达国家相比，我国在经济和民生指标等方面仍然有比较大的差距，面临的发展任务还很重。以人均 GDP 为例，我们要在 2035 年基本实现现代化和 2050 年建成现代化强国，需要达到国际上公认的标准。目前发达国家人均 GDP 在 2 万美元以上，而我国人均 GDP 仅 1.2 万多美元，还存在较大差距。因此发展仍是我们党执政兴国的第一要务。必须强调的是，低水平的重复建设和单纯的数量扩张没有出路，新时代的发展必须是高质量发展。当前我国主要矛盾已经转化，而矛盾的主要方面体现在发展的质量上，这就要求我们必须坚持新发展理念，不断塑造新的竞争优势，推动我国经济实现质的有效提升和量的合理增长。

推动经济高质量发展，要加快构建新发展格局。改革开放以来特别是 2001 年加入 WTO 后，我国开放步伐加快，充分利用国际市场、深度参与国际分工，形成了"两头在外"的发展格局，以低成本出口战略实现了经济赶超。随着我国经济发展水平的逐渐提升，这种发展模式越来越不可持续。从国内来看，创新能力不强、产业链供应链现代化水平不高、产业基础薄弱等问题日益突出，严重制约我国经济的高质量发展。从国际环境看，贸易保护主义抬头，全球化遭遇逆流，传统国际循环明显弱化，单边主义、霸权主义加剧，国际形势不稳定、不确定性因素增加，世界百年未有之大变局持续深化。在这样复杂的背景下，党中央提出要加快构建以国内大循环为主体、国内国际双循环相互促进的新发展格局。要坚持扩大内需，加快培育完整内需体系。大国经济最大的优势就是内部可循环，当前我国已具备国内大循环为主体的基本条件。从供给看，我国工业门类齐全，是世界上唯一拥有全部工业门类的国家；从消费看，14 多亿人口、4 亿多中等收入群体，形成了广阔的超大规模市场。我们要坚持问题导向，积极推进深层次改革，打通阻碍经济循环的痛点和堵点，畅通国内大循环。要建设更高水平的开放型经济新体制，提升国际循环的质量和水平。以国内大循环为主体，并不意味着我们要关起门来搞建设。中国经济已经深度融入世界经济，中国的发展离不开世界，世界的发展也离不开中国。我们要通过发挥内需潜力，增强国内国际市场与资源的联动效应，主动作为、善于作为，实施更高水平的对外开放。

推动经济高质量发展，要构建高水平的社会主义市场经济体制。社会主义市场经济体制是社会主义基本经济制度的重要组成部分，是推动我国经济发展的重要制度保障。改革开放以来，我们党解放思想、锐意改革，探索建立了社会主义市场经济体制，极大地解放和发展了生产力。对此习近平总书记高度评价，他多次指出，在社会主义条件下发展市场经济，是中国共产党的一个伟大的创举。四十多年来我国经济取得巨大成就的一个重要原因，就是我们充分地发挥了社会主义制度的优越性和市场经济的长处。当前我国踏上新征程、向第二个百年奋斗目标进军，要求在更高起点、更高层次上推进经济体制改革，尽快形成高水平的市场经济体制。一要找准市场与政府的结合点，更好发挥无形之手和有形之手的作用。高水平市场经济体制最关键的问题是处理好政府与市场的关系。一方面，要积极探索市场配置资源决定性作用的方式，运用好价格、供求和竞争机制，形成有效市场；另一方面，要加快转变政府职能，提升政府的宏观调控能力，形成有为政府。最终形成有为政府与有效市场同向同轨，共同推动经济实现高质量发展。二要找准公有制经济和非公有制经济的平衡点，充分激发各类经营主体的活力。一方面，要充分发挥公有制经济的"压舱石""稳定器"作用，毫不动摇巩固公有制经济的主体地位，深化国资国企改革，推动国有企业做强做大。另一方面，要优化民营企业公平竞争的发展环境，毫不动摇鼓励、支持、引导非公有制经济发展，促进民营企业发展壮大。

3. 大力推进精神文明建设，为现代化建设提供强大精神力量

中华民族伟大复兴需要强大的精神力量。文化是一个民族的灵魂。对于一个民族来讲，其疆域领土、人口规模甚至血统都有可能发生改变，但是长期形成的相对稳定的文化传统会让这个民族得到延续和发展。文化也是一个民族生存发展的重要力量。人类社会的每一次进步都伴随着文化的进步。在中华五千年文明的历史流变中，我们曾遇到过无数次的艰难险阻，但最终一次次凤凰涅槃，其中一个非常重要的原因，就是博大精深的中华文化滋养了人民的精神世界，为我们的浴火重生提供了强大的精神支撑。文化还是现代化的先声，人类走向现代化首先是从文化上取得突破的。近代以来，中华民族从危亡走向复兴的历程，也正是中华文化焕发活力、走向复兴的历程。历史告诉我们，民族复兴离不开强大的物质力量，更离不开强大的精神力量。

文化兴则国运兴，文化强则民族强。党的十八大以来，党中央高度重视文化建设，把文化自信纳入"四个自信"，确立马克思主义在意识形态领域的指导地位，培育和弘扬社会主义核心价值观，推动我国文化建设发生了全局性、根本性转变，为全面现代化建设提供了强大的正能量。在新时代的伟大变革中，我国正从站起来、富起来走向强起来，前所未有接近中华民族伟大复兴的目标。但是越是在这样的时刻，我们越需要强大的思想引领力和精神推动力。新时代新征程新使命，需要我们坚定文化自信，自觉担负起新的文化使命，坚持开放包容、守正创新，大力推动文化强国建设，为新时代推进和拓展中国式现代化提供思想保证、舆论支持和精神力量。

建设具有强大凝聚力的社会主义意识形态。意识形态工作是党的一项非常重要的工作，关系着为国家立心、为民族立魂，关系着民族的向心力和凝聚力，关系着党和国家的前途和命运。21世纪后世界进入新的变革期，西方敌对势力企图在政治思想上搞乱我国，企图在中国制造"颜色革命"，企图颠覆党的领导和社会主义制度，世界范围内意识形态领域的斗争更加严峻尖锐、更加复杂。党的十八大以来，以习近平同志为核心的党中央从"两个大局"出发，就意识形态领域许多全局性、战略性问题作出重大部署，推动意识形态工作取得了重大成就，从根本上扭转了一段时间以来意识形态工作的被动局面。新时代新征程，我们要继续巩固良好的发展态势，大力发展壮大社会主义意识形态，筑牢全国人民团结奋斗的共同思想基础。一要牢牢掌握党对意识形态工作的领导权。阵地是意识形态工作的依托，西方敌对势力从来就没有停止过和我国争夺思想舆论阵地，而思想阵地如果被突破，其他的防线也很难守住。因此一定要增强阵地意识，积极主动地占领、建设和守牢这块阵地，绝对不给错误的思潮提供传播的渠道。二要坚持马克思主义在意识形态领域的指导地位。马克思主义是我们立党立国的根本指导思想，也是我国文化发展的根本指针。新时代我们要坚持用习近平新时代中国特色社会主义思想武装全党、指导实践。三要塑造主流舆论新格局。在新时代，随着信息技术发展的步伐不断加快，互联网成为舆论的主战场，信息无处不在、无人不用，我们处于全媒体时代。因此在坚持党管媒体原则不动摇的情况下，要加快推进媒体深度融合，提升新闻舆论的影响力和公信力。

践行社会主义核心价值观。核心价值观承载着一个国家和民族的精神追求，也体现着评价是非的价值标准，它还是一个国家文化软实力的灵魂。国无德不兴，人无德不立。全面现代化建设、全面推动民族复兴，需要14多亿中国人心往一处想、劲往一处使。作为全体人民的共同价值追求，核心价值观起着凝聚人心、汇聚力量的强大作用。核心价值观的养成非一日之功，我们要在全社会大力弘扬社会主义核心价值观，通过教育、宣传、引导、熏陶等方式，努力将其要求变成人民日常行为准则。人无精神不立，国无精神不强。要弘扬中国共产党人的精神谱系，充分利用我们党的红色资源，抓好爱国主义、社会主义教育，在全社会大力发扬和传承我们党的红色传统与基因，加强理想信念常态化教育，引导人民知史爱党、知史爱国，坚定"四个自信"，努力培养可以担当中华民族伟大复兴大任的事业接班人。

推动社会主义文艺繁荣复兴。文艺是文化的重要形式，它最能代表时代的风貌，也最能引领时代的风气。今天实现中华民族伟大复兴需要伟大精神力量的引领与推动，而这种精神的引领离不开文艺的作用。鲁迅先生曾经深刻地指出，要改造国人的精神世界，首推的就是文艺。文艺是时代的记录员，任何文艺活动，都是一个时代人们思想情感的体现，都会深深打上时代的烙印。文艺在描述生活面貌的同时，还会通过作品的内容、价值取向等潜移默化地影响人们的思想、引领一个时代的风气。要坚持以人民为中心的创作导向，创作体现时代的需求、人民喜闻乐见的优秀作品。

（四）人与自然和谐共生的现代化

大自然是地球对人类的恩赐，是人类赖以生存的家园。没有良好的生态环境，人类的生存与发展将无从谈起。党的二十大报告将人与自然和谐共生明确为中国式现代化的重要特征之一，充分彰显了党中央建设美丽中国的坚定决心。我们要牢固树立尊重自然、保护自然的理念，坚持以习近平生态文明思想为指引，走可持续发展之路，努力建设人与自然和谐共生的现代化。

1. 人与自然和谐共生是中国式现代化的内在要求

人与自然和谐共生的理念，是马克思主义自然观的中国化表达。马克思主义认为，人类是自然界的一部分。和自然界的其他动植物一样，人类也是一种生命的存在，自然万物之间的关系应该是一荣俱荣、一损俱损。马克思曾经深刻地指出，人类是大自然的产物，是在和自己所处的这个环境的互动中发展起来的。从辩证唯物主义的视角看，万物生灵，人类与自然界的其他生命应该同生共存、和谐相处。从历史唯物主义的角度看，生态兴则文明兴、生态衰则文明衰。曾经山清水秀、遍布森林的黄土高原、渭河流域，由于滥砍乱伐现在变的植被稀少，水土流失十分严重；当年盛极一时的丝绸之路，湮没在塔克拉玛干沙漠的蔓延之中；楼兰古城当年因为盲目屯垦开荒，致使河流改道最终导致其衰落。20世纪"八大公害事件"对生态的破坏和民众生活的巨大影响曾轰动世界。1962 年美国的科普作家蕾切尔·卡逊在其发表的《寂静的春天》一书中，详细地描述了生态环境破坏后人类将会面临的状况。两个世纪前恩格斯在《自然辩证法》中就描述了人类对自然界伤害后的恶果，他指出，美索不达米亚、希腊等一些地区的居民，当年他们为了得到更多的耕地去毁灭森林，但是他们绝对预料不到，伴随着森林的失去，水分的积聚中心也相应失去，导致今天这些地方变成不毛之地。因此在对待大自然的问题上，恩格斯曾经深刻地指出："我们不要过分陶醉于我们对自然界的胜利。对于每一次这样的胜利，自然界都报复了我们。"[①] 人与自然和谐共生的理念强调了人与自然的共生关系，是马克思主义自然观的中国化表达，也是对马克思主义自然观的继承和发展。

人与自然和谐共生的理念，是对中华优秀传统生态文化的继承与发展。中华民族自古以来崇尚尊重自然，延绵不断的五千年中华文明孕育着丰富的生态智慧。中华文明在追求永续发展的过程中形成了以"天人合一"为核心的生态思想，具体体现在以下三个方面。一是强调人类行事要尊重自然规律，与自然界和谐相处。在中国古代众多的经典书籍中，无不体现着这一理念。比如，出自《管子·五行》的"人与天调，然后天地之美生"，强调人类的生产生活只有与自然阴阳保持协调，自然界才有可能产生美好的事情。再比如，出自《荀子天论》的"万物各得其和以生，各得其养以成"，强调自然界运动有其固有规律，天下万物应遵循其规律，与自然界共生共存。二是强调自然界的资源是有限的，要取之有度、用之有节。出自《吕氏春秋·览·孝行览》的"竭泽而渔，岂不获得？而明年无鱼；焚薮而田，岂不获得？而明年无兽"训诫，警示人类对自然界的开发和利用，如果超出一定限度的话，就会带来不可逆转的恶果，由此也会给人类自身的生存发展带来严重威胁。因此孔子主张"钓而不纲，弋不射宿"，告诫人类要给自然界以繁衍生息的机会。三是强调通过完善相关制度，为保护生态环境提供可靠的保障。在中国古代许多的典籍中，记载了通过完善制度保护环境的实践活动。比如，尧舜当年就曾委派官员对山林川泽进行管理；春秋时期管仲提出的"以时禁发"原则，不仅强调合理开发和利用自然资源，更加主张利用法律的手段来保护自然资源；荀子主张从税收制度入手保护自然资源；秦朝颁布了世界上第一部环境保护法典——《田律》。这些都体现了中国古人强调法制在保护生态环境方面的重要性。人与自然和谐共生的理念汲取了"天人合一"

---

① 刘丽敏. 中国式现代化 100 关键词 [M]. 北京：中共中央党校出版社，2022：171.

的思想，是对中华传统生态文化的继承与发展，提出人与自然是生命共同体，要处理好经济发展与资源环境之间的关系，强调用最严格的制度和法规来保护生态环境。

人与自然和谐共生的理念，是我们党领导现代化建设的经验总结。新中国成立初期，由于当时生产规模不大，经济发展与保护生态之间的矛盾并不突出。"大跃进"期间，由于全国粗放式的大炼钢铁，经济建设与生态环境之间的矛盾开始显现。"文化大革命"之后国家经济建设片面追求产值、强调数量、忽视质量；一些城市发展不从实际出发，新建的项目布局不合理；还有一些地区为解决吃饭问题，毁林毁草。这些现象最终导致环境污染和资源浪费明显加剧。1972 年联合国召开第一次人类环境大会，首次提出可持续发展的理念，号召世界各国政府和人民行动起来保护和改善人类环境，我国代表团也参加了这次会议。通过这次会议，我们也开始意识到，需要认真对待我们自身存在的环境问题。在这个背景下，1973 年我国召开了第一次全国环境保护会议，首次提出了保护环境的 32 字工作方针。1974 年国务院成立了环境保护领导小组，在全国逐步开展了污染防治工作。党的十一届三中全会之后，党和国家日益重视生态环境保护工作。1979 年 9 月通过了《中华人民共和国环境保护法（试行）》，这是新中国成立以来第一部关于保护环境和自然资源的综合性法律，标志着我国的环保工作正式开始走上法制化轨道。1983 年 12 月，在第二次全国环境保护会议上，我国将保护环境确立为基本国策。1992 年联合国环境发展大会之后，我国明确提出转变经济发展方式，可持续发展战略也成为经济社会发展的基本原则，随后制定了许多相关的纲领性文件。总的来讲，新中国成立以来，尤其是改革开放以来，我国环境保护事业取得了重大进展，但是与快速的经济发展相比，生态文明建设成为明显的短板。党的十八大以来，党中央高度重视生态文明建设，提出了一系列新思想新战略。党的十八大将生态文明建设纳入"五位一体"总体布局，党的十九大报告首次提出要建设人与自然和谐共生的现代化，党的二十大报告将人与自然和谐共生明确为中国式现代化的重要特征之一，提出人与自然是生命共同体，要努力推进美丽中国建设，实现中华民族的永续发展。

2. 新时代生态文明建设取得了历史性成就

党的十八大以来，党中央以空前的力度抓生态文明建设，习近平总书记亲自谋划、亲自部署，亲自推动美丽中国的建设，全党推动绿色发展的主动性显著增强，生态文明建设取得了历史性成就，创造了举世瞩目的绿色发展奇迹。

习近平生态文明思想深入人心。党的十八大以来，习近平总书记站在中华民族伟大复兴和永续发展的历史性高度，以厚重的民族责任感和强烈的使命意识，围绕大力推动生态文明建设，提出了一系列新理念新战略，形成了具有中国特色的生态文明理论。2018 年 5 月召开的全国生态环境保护大会，正式确立了习近平生态文明思想。作为习近平新时代中国特色社会主义思想的重要组成部分，习近平生态文明思想系统地阐述了人类文明与自然生态、经济发展与环境保护、国际与国内等关系，深刻回答了我们为什么要建设生态文明、要建设一个什么样子的生态文明以及如何推进生态文明建设等问题，科学概括了推进生态文明建设的"六项原则"，开辟了马克思主义生态观的新境界，成为新时代建设美丽中国的根本遵循。在习近平生态文明思想的引领下，我们坚持"绿水青山就是金山银山"的理念，把建设美丽中国纳入全面现代化的战略目标，把生态文明建设纳入中国特色社会主义事业总体布局，把绿色发展纳入五大发展理念，从法律、体制、组织等多方面发力治理生态环境，有力推动了经济发展的绿色转型。习近平生态文明思想写入党章、宪法，深入人心。

生态环境质量显著改善。党的十八大以来，围绕群众密切关注的突出环境问题，我们坚持精准治污、依法治污，持续打好蓝天、碧水、净土攻坚战，深入推进污染防治工作，生态环境质量改善成效显著，人民群众的获得感明显增强。空气质量持续改善。2013 年至 2022 年，全国细颗粒物（$PM_{2.5}$）的平均浓度下降了 57%，重污染天数减少了 92%。2022 年全国 $PM_{2.5}$ 平均浓度降低至 30 微克/立方米，达到了世界卫生组织第一阶段的过渡值。74 个全国重点城市十年来 $PM_{2.5}$ 平均浓度下降了 55%，重污染天数下降了 86%。仅在 2013 年到 2020 年的这七年时间里，我国空气质量的改善程度就相当于美国自《清洁空气法案》实施以来 30 多年的改善程度。我国成为世界上首个全面治理 $PM_{2.5}$ 污染的发展中国家，被称赞为世界上大气质量改善速度最快的国家。全国地表水 Ⅰ—Ⅲ 类断面比例达到了 87.9%，提高了 23.8 个百分点，接近发达国家的水平。长江干流全线连续三年达到 Ⅱ 类水体，黄河干流全线首次达到 Ⅱ 类水体。地级及以上城市黑臭水体基本消除，近一半行政村实施了环境整治，全国土壤风险得到有效管控，群众饮用水安全得到有效的保障。

绿色发展方式迈出坚实步伐。十年来，我们将生态文明建设纳入经济社会发展的整体布局中，坚持绿色低碳发展，积极推动形成资源节约和环境友好的生产生活方式。坚决遏制高耗能、高排放项目盲目推进，水电、风电、光伏发电装机容量均位居全球第一，并且建立了世界上规模最大的碳市场。

全国煤炭消费量在一次能源消费中的比重由 68.5% 下降至 56.0%，清洁能源消费占比由 14.5% 上升至 25.5%。2012 年以来，全国单位 GDP 二氧化碳排放、能耗、水耗、地耗分别下降了 40.1%、26.2%、46.3%、38.1%，主要资源的产出率提高了接近 60%，我国以年均 3% 的能源消费增速支撑了年均超过 6% 的经济增长，成为世界上能耗强度降低最快的国家之一。我国率先提出生态保护红线制度，对自然保护地实施优化整合，设立国家公园。在青藏高原、黄河流域等全国重要的生态区部署实施重大修复保护工程，完成 5 万多平方公里的修复面积，全国荒漠化、沙化土地面积持续减少。实施海洋重大修复保护工程，近两千公里的海岸线得到修复。十年来我国造林累计完成 10.1 亿亩，森林覆盖率由 21.6% 提高至 24%，成为全球范围内森林增长最多的国家。2019 年 2 月，美国航天局发出一条推特，来自 NASA 卫星资料显示，过去二十年，中国和印度两个国家的行动使得地球变得越来越"绿色"，仅中国的植被增加量就超过全球植被增加量的 25%，位居世界第一。随着"美丽经济"的不断发展壮大，绿水青山逐渐带来了越来越大的经济效益和社会效益。

生态文明制度体系更加完善。党的十八大以来，我国注重发挥制度管根本的作用，坚持党对生态文明制度建设的全面领导，大力深化生态文明体制改革，形成了比较完整、科学的生态文明制度体系。建立中央生态环境保护督察制度，完成了两轮对三十一个省区市和新疆建设兵团的督察全覆盖。建立实施了生态文明建设目标考核和责任追究制度、河湖长制、生态保护补偿制度、环境保护"党政同责"等一系列制度。新时代以来，我们持续完善生态环境领域的法律法规，先后制定修订了三十多部相关法律法规，基本建立起覆盖各类环境要素的法律法规体系。

全球环境治理贡献突出。作为全球生态文明建设的重要贡献者，中国始终以全球视野深度参与全球生态治理，坚定践行多边主义，充分展现大国责任与担当，积极推动《巴黎协定》签署、生效并实施，宣布"双碳"目标愿景。倡导建立绿色发展国际联盟，开展南南生态环境治理合作。积极参与联合国"生态系统恢复十年"行动计划，成功举办《联合国防治荒漠化公约》《湿地公约》缔约方大会，塞罕坝林场建设，"千村示范、万村整治"工程等获得联合国地球卫士奖。目前，中国已经批准实施二十多项多边生态公约，大力帮助发展中国家推进低碳发展，在全球生态环境治理中引领作用日益凸显，影响力和话语权也不断提升。

3. 建设人与自然和谐共生的美丽中国

坚持和加强党对生态文明建设的全面领导。党的十八大以来，我国生态文明建设成就显著，根本原因在于以习近平同志为核心的党中央的坚强领导。未来建设美丽中国，要继续坚持和加强党对生态文明建设全面领导这一最大的政治原则和政治优势，保持政治定力不动摇，确保党中央关于生态建设的各项决策部署落到实处。一要加强组织领导。坚持中央统筹、省负总责、市县抓落实的工作机制。地方党委政府要扛起生态文明建设的政治责任，落实责任清单，强化分工负责，形成共抓生态文明建设强大合力。二要强化宣传教育。要利用全国生态日、环境日等重要的时间节点，通过多种多样的形式，加强习近平生态文明思想宣传与推广，增强全民族的环保意识。三要注重考核评价。要组织开展美丽中国建设成效、粮食安全目标责任、污染防治成效等考核，并且将考核结果与领导干部综合考核、奖惩任免有效结合。四要严格督察执法。要健全工作机制，继续发挥中央的督察利剑作用。坚持依法行政、依法履责，严厉查处老百姓强烈反映的生态环境问题。

构建国土空间开发保护新格局。国土空间是中华民族繁衍生息的家园。不同的国土空间，自然状况也不尽相同，有的地区生态脆弱，不适合大规模高强度的工业化开发，有的地区海拔很高、气候恶劣，不适合高强度的农牧业开发。因此，需要根据各地的资源环境承载能力，构建科学合理的开发保护新格局。2010 年国务院出台了《全国主体功能区规划》，按照开发内容，将国土空间划分为城市化地区、农产品主产区和生态功能区。各类主体功能区地位相同，只是由于各自的主体功能不同，因此开发方式和保护内容也不同。要全面贯彻《全国国土空间规划纲要（2021—2035 年）》，更加细化我国每一寸土地承担的主体功能，健全协调发展机制，推动主体功能区战略精准落地。要坚持底线思维，强化国土空间规划，统筹各类空间布局，落实基本农田、生态红线、城镇开发等空间边界。要明确并严守生态保护红线，推进自然保护地体系尽快形成，守住自然安全边界，形成人与自然和谐共生的空间新格局。

积极稳妥推进碳达峰、碳中和。实现碳达峰、碳中和，是党中央统筹两个大局作出的重大战略决策。党的二十大对"双碳"工作作出了全面部署，我们要扎实推进各项重点工作，推动绿色发展取得更大成效。一要加强工作统筹协调。实现"双碳"目标，不是轻轻松松就能实现的。要提升战略思维能力，运用系统观念处理好发展与减排、长远与短期、整体与局部、政府与市场的关系，坚持稳中求进，坚决制止"碳冲锋"，避免急于求成、偏激冒进。二要深入推进能源革命。坚持先破后立、整体谋划。加强煤炭清洁高效利用，大力推动太阳能、风能就地开发利用，加快新型能源体系建设。增强煤炭、油气储备能力建设，落实保供责任，加强能源产供储销建设，提升国家能源安全保障能力。三要提升科技创新能力。要构建有利于"双碳"的科技体制机制，狠抓核心技术集体攻关，加快技术研发和成果转化。要强化人才培养，完善"双碳"高等教育体系，加强专业队伍建设。四要巩固提升生态系统碳汇能力。要坚持系统观念，构建有利于碳达峰、碳中和工作的国土空间开发格局，严守生态红线，巩固现有森林、草原、土壤等固碳作用。实施生态修复重大工程，科学开展国土绿化行动，提升碳汇增量。

提升生态系统多样性、稳定性、持续性。生态系统是指在自然界的一定空间内，生物与环境所构成的统一整体。多样性、稳定性、持续性三个方面反映着生态系统的健康程度。生态系统的多样性是生物多样性的外在形式，保护生物多样性首先要保护生物赖以生存的环境的多样性。生态系统能否持续为生物提供健康的功能和服务，还取决于自身的稳定性和持续性。多样性是稳定性和持续性的前提，生态系统结构越复杂，其自动调节能力就越强，稳定性和持续性就越能够得到保障。而持续稳定的生态系统又有助于促进多样性。因此在实践中要多措并举全方位提升生态系统的多样性、稳定性和持续性。当前各地区对生态保护修复高度重视，也取得了显著成效。但是部分地区由于受传统思维的影响，在生态保护修复中违背自然规律，埋下了生态隐患。比如，有的地区重人工修复、轻自然恢复，影响生态修复保护效果；有的地方挖湖造景，最终导致生态用水受到影响；有的地区甚至在修复保护工程中做表面文章，验收环节以指标论完工。因此，要科学实施生态保护修复重大工程，以提升生态系统的多样性、稳定性和持续性。一要加强顶层设计。创新生态修复体制机制，打破行政区划界限，统一谋划统筹实施，实现"1+1>2"的效果。二要研究生态系统的演替规律。加强从源头深入论证工程实施，制定保护修复的相关标准和政策，明确目标、方案、实施、管护、评估等关键环节，加强科技支撑和标准化建设，推动修复保护治理现代化。三要健全监管、督察、执法联动机制。采取多种手段及时发现破坏生态、生态形式主义等问题。坚持谁破坏谁治理，督促生态修复保护落到实处。建立监测监管平台，定期对修复保护成效监测评估。四要完善生态保护补偿机制。政府要引导建立科学的利益导向机制，完善横向、纵向补偿机制，使得保护生态者受益、使用生态者付费、破坏生态者赔偿，最终促进生态产品实现价值转化。

（五）走和平发展道路的现代化

和平是人类永恒的愿景，也是人类社会繁荣的前提条件。党的二十大报告从中国和世界关系的角度，把走和平发展道路明确为中国式现代化的重要特征之一，积极回应了国际社会对中国发展走向的关注，同时也彰显了我们党始终致力于人类和平发展事业的坚定决心。坚定不移走和平发展道路，是我们从历史、现实以及未来的理性分析中得出的科学结论，它有力回击了西方国家渲染的"国强必霸论"的迷思，赋予了中国式现代化广阔的国际视野和强大的道义力量。

1. 走和平发展道路是中国式现代化的必然选择

中华民族是热爱和平的民族。中华民族自古以来就爱好和平，中国的"和"文化源远流长，中国人很早就认识到"国虽大，好战必亡""化干戈为玉帛"的道理。与海洋文明不同的是，以农耕文明为主体的中华文明，热土难离的民族意识在几千年的中华文明中体现得淋漓尽致。比如，作为中华文明的象征，万里长城以其典型的防守功能体现出中华民族的固土自守意识。热爱和平、亲仁善邻、追求正义，这些至高无上的历史文化传统，使中华文明成为四大文明古国中唯——支没有中断的文明。经历五千多年的文明洗礼，以和为贵、万邦协和、和而不同等理念世代相传，对和平、和谐、和睦的追求已深入中华民族的血脉。中国人民的血液中没有称王称霸、对外侵略的基因，对和平的追求始终是中国人民永恒的理想。中国曾长期走在世界前列，即使中国处于实力最鼎盛时期，也从来没有发动过像西方国家一样的领土扩张战争。两千多年前中国人开通的丝绸之路，就曾促进了东西方的文明交流。六百多年前的明朝，中国当时拥有世界上最强大的海军，郑和曾七次率领庞大的舰队下西洋，沿途造访了三十多个国家和地区，最远曾到达了非洲的东岸。按照当时的实力，如果中国愿意的话，完全可以殖民这些地区，当时其他的大国没有能力来制止。但是最终我们看到的结果是，中国给沿途人民带去的并不是侵略与屠杀，没有占领这些国家一寸土地，而是带去了丝绸、茶叶、瓷器，播撒下和平友谊的种子，流传下友好交往的佳话，促进了中外经济文化的交流与进步，展示了中华民族海纳百川的宽广胸怀，在中外文化交流史上写下了辉煌的篇章。中华文明突出的"和合"文化，从根本上决定了中国始终是世界和平和国际秩序的建设者、维护者。"美美与共"的中国人民不仅希望自己过得好，还希望世界各国人民都能过上安宁幸福的生活。走和平发展道路继承了中华民族崇尚和平的文化基因。

走和平发展道路是中国自身发展的必然要求。1840年鸦片战争以来，由于列强的入侵和封建王朝的腐败，中国在悲情中被动地开启了现代化进程。帝国主义的欺辱、连年的战乱、不平等条约的不断签订，中华民族遭受了前所未有的苦难。尤其是 1937 年 12 月 13 日南京沦陷后，侵华日军大举进入城中，进行了为期六个星期惨无人道的大屠杀，造成了三十多万同胞遇难。这段悲惨的历史，成为中国人民刻骨铭心的历史记忆。在反抗外敌入侵的斗争中，中国人民对世界上那些遭受欺凌的国家和人民感同身受，消除战争、实现和平，成为中国人民最强烈、最迫切的愿望。1949 年新中国成立，人民终于拥有可以开创美好生活的和平环境，曾经被欺辱奴役的记忆，让中国人民更加珍惜和平，更加期盼天下永久太平。己所不欲勿施于人，我们绝对不会将自己曾经的苦难强加于别国人民。走和平发展道路，成为中国人民坚定不移的战略选择。经过新中国成立七十多年、改革开放四十多年的发展，特别是新时代十年以来的接续奋斗，我们胜利完成了第一个百年奋斗目标，踏上了第二个百年奋斗目标的新征程。今天我国稳居世界第二大经济体，对世界经济增长的贡献率连续多年保持在 30% 左右，国际地位和国际影响力显著提升。与此同时，我们也必须清醒地看到，我国发展中不平衡不充分问题依然突出，14 多亿人整体迈进现代化行列，艰巨性复杂性世所罕见。如期实现全面现代化的奋斗目标，必须要有一个和谐稳定、和平安宁的国内外环境。因此，坚定不移走和平发展道路，营造良好的外部环境，符合中国的国情，也符合中国人民的愿望，不是权宜之计，更不是外交辞令，而是根据中国人民根本利益作出的战略抉择。

中国共产党始终致力于和平发展。作为马克思主义政党，我们党不仅是为中国人民谋幸福、为中华民族谋复兴的政党，也是为世界谋大同的政党。1921 年中国共产党成立之初就深刻地认识到，实现国强民富最基本的条件，就是必须消除战争、实现和平。之后共产党带领人民经过 28 年的浴血奋战，取得了新民主主义革命的胜利，建立了人民当家做主的新中国，为中国人民赢得了一个和平稳定的建设环境。新中国成立之初，我们党提出和平共处五项原则，强调国家无论强弱、大小一律平等，并将其作为独立自主外交政策的重要基石。同时面对国际冲突和争端，中国主持国际公道，积极推动用和平的方式解决，在国际社会上赢得了广泛的支持，也促进了国际局势得到一定程度的缓和与稳定。党的十一届三中全会之后，我们党作出了"和平与发展成为当今世界的主题"这一重大判断，对大国之间关系作出调整，将工作重心转移到经济建设上来。面对世界对中国的关注，邓小平同志明确指出，中国是社会主义国家，中国的发展只会给世界各国带来更广阔的市场和更多的机遇，而不会对任何国家构成威胁，中国反对霸权主义和强权政治，中国永远不称霸。进入 21 世纪后，中国在 2005 年、2011 年两次发布和平发展白皮书，向世界宣示中国将始终致力于和平发展。党的十八大以来，随着中国综合国力的不断增强，国际社会日益关注我国的战略走向。以习近平同志为核心的党中央，以宽广的国际视野、强烈的使命担当，统筹国内国际两个大局，坚持中国特色大国外交，弘扬和平发展、公平正义的全人类共同价值，阐明了中国坚持和平发展的必然性。党的二十大报告再次强调："中国的发展是世界和平力量的增长，无论发展到什么程度，中国永远不称霸、永远不搞扩张。"① 坚持走和平发展道路先后被写入党的章程和国家宪法，这也充分体现了我国始终不渝走和平发展道路的坚定决心。

2. 走和平发展道路为人类文明作出巨大贡献

西方现代化初期依靠殖民掠夺完成原始积累。现代化始于工业化，工业化需要资本原始积累的第一桶金。翻开历史长卷不难发现，西方资本主义国家工业化的第一桶金是通过战争与殖民获得的。可以说，西方先行现代化国家的崛起史，几乎就是一部充满殖民征服、资源掠夺的血腥历史。

以工业革命发展迅速的 19 世纪中后期为例。在亚洲，1840 年英国以林则徐虎门销烟为借口对中国发动了第一次鸦片战争，1856 年英国和法国对中国发动了第二次鸦片战争，从此后百年间，大大小小的西方帝国主义国家都入侵过中国，强迫中国签订了一千多项不平等条约。仅从 1895 年签订的《马关条约》（赔款 2.3 亿两白银）、1901 年签订的《辛丑条约》（赔款 4.5 亿两白银）可见，各帝国主义国家从中国抢走大量的有形和无形财富。除了中国之外，亚洲其他国家也未能幸免。比如 1858 年法国入侵印度支那，七年之后已经对其完全控制。除亚洲之外，英、法等大国在 19 世纪下半叶把非洲瓜分完毕。在北美洲，美国的崛起也是血与火的历史，1846 年美国和墨西哥爆发了战争，两年之后美国大获全胜，抢到了大片的土地和富饶的资源。1867年，南北战争结束后不久，美国就通过了一项法案，给印第安人建立了一个定居点，但是十六年之后，上千万的印第安人被屠杀，美国又一次无偿得到了大量的土地资源。事实上，西方大国不仅侵略抢夺殖民地，这期间它们之间的战争也几乎没有间断过。以英国为例，1588 年英国打败西班牙成为新的海上霸主，十二年之后的 1600 年，英国成立了"国有企业"东印度公司，用其来拓展海外的殖民活动。到工业革命前夕，英国已经在长达一个半世纪的殖民掠夺中，拥有超过自己本土面积数十倍的殖民地，其贩卖奴隶的贸易也

---

① 习近平. 高举中国特色社会主义伟大旗帜 为全面建设社会主义现代化国家而团结奋斗——在中国共产党第二十次全国代表大会上的报告（2022 年 10 月 16 日）[M]. 北京：人民出版社，2022：60-61.

达到了鼎盛。

西方先行现代化国家曾经泯灭人性的罪恶，给广大发展中国家的人民带来了沉重的苦难。马克思当年曾痛斥这些野蛮的行为，批评他们"在故乡还装出一副体面的样子，而在殖民地就丝毫不加掩饰了"。①

走和平发展道路的中国式现代化创造了人类文明新形态。1949 年中华人民共和国成立以来，中国既没主动挑起任何冲突与战争，也没侵占其他国家一寸土地，可以说，坚持和平发展是中国式现代化与西方现代化的一项重要区别。在坚持自身和平发展的同时，中国共产党还积极为人类谋和平与发展。我们主动参加国际军控、反对军备竞赛、积极派遣维和人员，以维护全球的战略平衡和稳定；坚持以对话协商的方式参与解决国际热点问题；坚持多边主义，以共同应对全球性问题的治理。作为全球减贫事业的重大贡献者，我们积极帮助第三世界国家消除贫困问题；我们提出"一带一路"倡议，推动构建更大的国际合作平台，与世界分享机遇，让发展成果惠及全世界更多的国家。面对时代之问，我们提出人类命运共同体的重大理念，引领人类的前进方向。

以上种种都是我们以实际行动维护世界和平、推动共同发展的生动体现。当前，随着全球化的演进，国与国之间的联系越来越紧密，相互之间的依赖程度也越来越高，共同利益也越来越广泛。但与此同时，人类社会面临的全球性挑战也越来越多。面对这些共同挑战，没有哪一个国家能够独善其身、包打天下，需要世界各国携起手来共同应对。人类生活在同一个地球村，世界日益成为一个你中有我、我中有你的命运共同体。那种以武力抢夺别人资源谋求自身发展的做法，已经不再可能。和平、发展、稳定成为世界各国人民的共同愿望，冷战思维只能四处碰壁。中国坚定站在历史正确的一边，面对和平赤字、发展赤字等严峻挑战，高举和平发展、合作共赢的旗帜，走出一条不同于西方现代化的和平发展道路，造福中国人民的同时也利好世界人民。和平发展的中国式现代化道路，为发展中国家实现现代化提供了新的思路，为人类文明进步贡献了中国智慧。

3. 坚定不移走和平发展道路

坚守维护国家核心利益的底线。和平与发展，对于中国来讲非常重要。中国发展取得的成就得益于和平稳定的环境，同时中国以自己的发展回馈了国际社会，为人类的和平与发展事业作出了巨大的贡献。坚定不移走和平发

---

① 常培育. 中国式现代化是走和平发展道路的现代化 ［N］. 解放军报（第 4 版），2022-11-04.

展道路，是中国人民对历史、现实及未来客观分析后作出的抉择。一段时间以来，一些国家认为中国以经济建设为中心，把发展作为党执政兴国的第一要务，为了给经济发展谋求一个良好的外部环境，中国可以无原则无底线作出迁就、退让，但这终归是他们打错算盘的一厢情愿。我们坚持走和平发展道路，并不意味着为了谋求和平可以不计代价，维护国家核心利益是中国谋求和平发展的底线。习近平总书记强调："我们要坚持走和平发展道路，但绝不能放弃我们的正当权益，绝不能牺牲国家的核心利益。"① 如果说七十多年前中国在一穷二白的时候，面对世界强权都不曾弯腰低头，都敢于维护国家的核心利益，那么今天的中国已经发展强大了，对侵犯我国主权、安全、发展利益等行为，绝对不会屈服，一定会作出有力的回击。中国人民珍视和平，但和平是索取不来的，维持和平需要我们加快自身的发展，增强抵御外部风险的能力。我们要坚决捍卫国家的主权和领土完整，敢于并善于同霸权主义和强权政治作斗争。坚决反对长臂管辖，坚定维护国家尊严和公民正当权益，确保我们的现代化不能成为依附性现代化，推动历史的车轮朝着光明前进。只有真正坚守住国家核心利益的底线，我们的和平发展道路才能够走得更加顺畅。

深化拓展全球伙伴关系。走和平发展道路，要求我们在坚持和平共处五项原则的基础上，坚持相互尊重、合作共赢，积极推进中国特色大国外交，推动构建以全球伙伴关系为基本形态的新型国际关系。一要努力运筹好大国关系。尽管多极化是世界政治格局演进的趋势，但是大国的作用依旧非常重要。大国是影响世界和平与稳定的决定性力量，大国之间关系融洽，世界和平稳定之路就会走得顺畅；大国之间如果对抗，不仅会两败俱伤，而且极有可能会给整个世界带来灾难。我们要加强大国之间的协调合作与战略对话，拓展互惠互利的务实合作，"推动构建和平共处、总体稳定、均衡发展的大国关系格局。"② 在运筹大国关系上，面对当前非西方大国群体性的崛起，习近平总书记指出，要加强同发展中大国之间的交流合作，为我们运筹大国关系指出了新的战略着力点。二要打造周边命运共同体。党的十八大以来，以习近平同志为核心的党中央将周边外交放在更加突出的位置。2013 年底我国召开了新中国成立以来首次周边外交工作座谈会，显示出党中央对周

---

① 习近平. 习近平谈治国理政 [M]. 北京：外文出版社，2014：249.

② 习近平. 高举中国特色社会主义伟大旗帜　为全面建设社会主义现代化国家而团结奋斗——在中国共产党第二十次全国代表大会上的报告（2022 年 10 月 16 日）[M]. 北京：人民出版社，2022：61.

边外交工作的高度重视。党的二十大报告强调，"坚持亲诚惠容和与邻为善、以邻为伴周边外交方针，深化同周边国家友好互信和利益融合"。① 要继续巩固与周边国家睦邻友好关系，深入推进"一带一路"、区域全面经济伙伴关系、中巴经济走廊等倡议的落实，为打造周边命运共同体奠定更为坚实的基石。三要加强同发展中国家的合作。中国是世界上最大的发展中国家，我们始终秉持正确的义利观，同广大的发展中国家同呼吸共命运。中国会一如既往坚持国家不分大小、强弱，一律平等对待任何一个国家，尤其是中小国家。尊重每个国家自主选择道路的权利，推动国际关系民主化，主张国际上的事情应由大家共同协商着办。发展中国家国际地位弱是当前的现实情况，为维护我们共同的利益，中国将继续支持发展中国家团结发展，协调共同的立场，汇聚一致的声音，努力捍卫发展中国家的正当发展权利。

推动各国共同走和平发展道路。和平发展是世界各国共同的责任，只有国际社会共谋和平，才能实现共享和平。当今世界是一个变革的世界，新一轮大变革大调整迎面而来，传统安全威胁和非传统安全威胁相互交织，不确定不稳定因素逐渐增多。逆全球化思潮抬头，贸易保护主义明显上升，世界经济增长动力不足，经济全球化面临新挑战。一些国家不愿意继续承担国际责任，破坏当前国际治理机制，全球治理面临发展困境。世界百年未有之大变局加速演进，人类社会再一次站在何去何从的十字路口。中国共产党着眼于解决当前全球治理面临的共同问题，秉持合作共赢的理念，倡导构建人类命运共同体，推动国际秩序走向更加公正合理，以期实现人类社会的永续和平发展。习近平总书记强调："中国走和平发展道路，其他国家也都要走和平发展道路，只有各国都走和平发展道路，各国才能共同发展，国与国才能和平相处。"② 构建人类命运共同体是全人类的共同事业，要同世界各国携起手来，凝聚国际社会致力于和平发展的力量，坚持对话协商、共建共享、合作共赢、交流互鉴，共走和平发展道路，共同建设一个持久和平的世界。只有将中国与世界的和平发展紧密连接，才能争取到更多的外部支持，从而开辟更加广阔的和平发展空间。

---

① 习近平. 高举中国特色社会主义伟大旗帜　为全面建设社会主义现代化国家而团结奋斗——在中国共产党第二十次全国代表大会上的报告（2022年10月16日）［M］. 北京：人民出版社，2022：61.

② 习近平. 习近平谈治国理政［M］. 北京：外文出版社，2014：249.

第六讲　中国式现代化的本质要求

党的二十大报告明确提出中国式现代化的本质要求，即"坚持中国共产党领导，坚持中国特色社会主义，实现高质量发展，发展全过程人民民主，丰富人民精神世界，实现全体人民共同富裕，促进人与自然和谐共生，推动构建人类命运共同体，创造人类文明新形态"。① 对中国式现代化本质要求的科学概括，是我们党在深刻总结世界现代化建设历史经验的基础上，结合我们自己现代化建设的实践探索形成的理论结晶。这九个方面的要求，体现了中国特色社会主义的本质特征，同时反映了中国式现代化的时代高度与世界维度。深刻领会中国式现代化的本质要求，可以从以下三个方面系统把握。

一、性质层面

坚持中国共产党领导、坚持中国特色社会主义，体现了中国式现代化质的规定性，是中国式现代化性质层面的本质要求。从历史脉络看，中国式现代化的"中国式"，是基于中国特色社会主义而形成的。道路决定命运，中国特色社会主义道路，是实现中国式现代化的必由之路，也是中国式现代化与西方现代化的根本区别。党的十一届三中全会以来，在深刻总结历史经验的基础上，我们党成功开辟了中国特色社会主义道路，并且领导团结人民在这条道路上成功推进和拓展中国式现代化，取得了举世瞩目、彪炳史册的辉煌成就。中国共产党的领导是中国特色社会主义最本质的特征，中国共产党是中国特色社会主义事业的领导核心，是中国式现代化的根本保证，也直接决定着中国式现代化的根本性质。坚持党的领导和中国特色社会主义，既是对过去现代化建设经验的科学概括，也是对当前现代化建设的明确要求，更是对未来现代化建设的方向指引。

二、实践层面

实现高质量发展、发展全过程人民民主、丰富人民精神世界、实现全体人民共同富裕、促进人与自然和谐共生、推动构建人类命运共同体，是中国

---

① 习近平. 高举中国特色社会主义伟大旗帜　为全面建设社会主义现代化国家而团结奋斗——在中国共产党第二十次全国代表大会上的报告（2022 年 10 月 16 日）［M］. 北京：人民出版社，2022：24.

式现代化实践层面的本质要求。

在社会主义初级阶段，我们提出"一个中心，两个基本点"的基本路线，也就是以经济建设为中心，坚持四项基本原则，坚持改革开放，为实现富强民主文明和谐美丽的社会主义现代化强国而奋斗。实践层面本质要求的前五条和现代化强国五大目标（富强、民主、文明、和谐、美丽）——对应，是达成这五大目标的实践要求。物质技术是现代化建设的基础，要把高质量发展作为新时代的硬道理；全过程人民民主是最广泛、最管用的民主，是中国式现代化的制度优势；文化是一个民族的灵魂，要大力发展社会主义先进文化，丰富人民的精神世界，为中国式现代化提供精神动力；共同富裕是社会主义的本质要求，也是我们党矢志不渝的奋斗目标，在我们现代化战略安排中，实现全体人民共同富裕是最重要的目标；人与自然和谐共生是中国式现代化的生态基础，也是全面建设社会主义现代化国家的内在要求，要坚定践行"绿水青山就是金山银山"的理念，加快推动美丽中国的实现。

人类生活在一个地球村，各国之间的联系日益加深，构建人类命运共同体是世界各国人民的心之所向。中国共产党从成立之日起，就把改变民族命运与促进世界和平联系在一起，在团结带领全国人民推进民族复兴大业的同时，始终胸怀天下，关注人类的前途命运，不断为推动世界和平作出新的贡献。当前在历史的十字路口上，尽管和平与合作是历史潮流，但恃强凌弱的霸权主义危害依然深重，人类社会将何去何从？面对时代之问，习近平总书记提出推动构建人类命运共同体的中国方案。党的二十大报告又将推动构建人类命运共同体明确为中国式现代化的本质要求，这充分展现了我们的大国担当和天下情怀，也赋予了中国式现代化新的时代使命。

三、意义层面

创造人类文明新形态，是中国式现代化意义层面的本质要求。众所周知，西方国家是最早实现现代化的国家。很长一段时间里，如何实现现代化的话语权掌握在西方国家手中。他们认为西方模式是实现现代化的唯一模式，也曾一度为很多发展中国家开出了"万能药方"。这个药方的主要观点是"三化"，即经济私有化、市场化，政治民主化。西方国家认为私有制是推动经济发展的基础，而且反对对经济采取任何形式的国家干预，因此极力地否定社会主义、否定公有制。他们认为社会主义会使集体化范围扩大，导致集权主义，最终又会限制经济自由。在政治上，他们认为多党制加普选制是唯一的真正民主形式。西方国家极力地向全世界推销他们的西方现代化模式，但是最后我们看到的结果是，很多发展中国家简单复制西方模式后出现了严重的"水土不服"现象。有的国家经济被外国资本控制，有的国家政治上成为西方大国的附庸，还有的国家甚至出现了社会动荡甚至政权更迭。

实现现代化是中国共产党矢志不渝的奋斗目标。新中国成立后，共产党团结带领人民探索出一条符合我国国情的中国式现代化道路，并且取得了巨大的成就。我国用几十年的时间完成了西方国家几百年的工业化历程，创造了经济快速增长和社会长期稳定这两大奇迹。中国式现代化道路，植根中华优秀传统文化，借鉴人类文明成果，展现出与西方现代化模式不同的另一幅图景，打破了现代化就是西方化的迷思，创造了全新的人类文明形态。中国式现代化道路的成功为发展中国家走向现代化树立了典范，提供了全新的思路。那就是走向现代化的方向是绕不开的，但是走向现代化的道路一定是可以选择的，每一个国家都可以结合自己的国情，走出一条符合自己国情的现代化道路。

第七讲　中国式现代化的重大原则

推进中国式现代化，是一项伟大而艰巨的事业。习近平总书记在党的二十大报告中指出，我国现代化建设面临新的发展机遇，前途无比光明；但同时强调未来可能会遇到更多的风险挑战，道路依然任重道远。党的二十大科学判断时与势，辩证把握危与机，要求我们要增强忧患意识，做到居安思危，走稳走好新时代的中国式现代化道路，必须始终坚持以下五个重大原则。

一、坚持和加强党的全面领导

坚持中国共产党的领导在中国式现代化的本质要求中是排第一位的，党的领导决定了中国式现代化根本性质。中国式现代化是在中国共产党的领导下开创的，并且取得了辉煌的成就，党的领导地位是历史的选择、人民的选择。1921年中国共产党成立后，团结带领人民终结了救亡图存的历史性命题，实现了民族独立、人民解放，建立了人民当家做主的新中国。在28年的浴血奋战中，共产党作出了巨大的自我牺牲。据中组部和民政部统计数据显示，从中国共产党诞生到新中国成立的28年，全国有名可查的烈士达三百七十多万人，这还不包括更多的无名烈士。在井冈山斗争的两年多时间里，平均每天牺牲五十多位烈士，但是最终只有一万五千余名烈士铭刻在纪念碑上，其余的三万多人连名字都没有留下。新中国成立后，特别是改革开放以来，共产党领导人民创造了世所罕见的经济快速发展和社会长期稳定两大奇迹，中华民族伟大复兴进入了不可逆转的历史进程。

坚持和加强党的全面领导核心要义是，坚决维护习近平总书记党中央的核心、全党的核心地位，坚决维护党中央权威和集中统一领导。习近平总书记多次强调，行百里者半九十，中华民族伟大复兴不可能轻轻松松就能实现，前进道路上我们将面临更多的挑战与考验。从世情来看，我们面临修昔底德陷阱；从国情来看，我们面临中等收入陷阱；从党情来看，我们面临塔西佗陷阱。实现民族复兴，必须跨越这三大陷阱，而跨越这三大陷阱，没有党和国家的集中统一，没有党中央的坚强领导核心，没有强有力的中央权威，很多的政策难以落实，就会贻误战机，甚至有可能会出现颠覆性失误。因此，坚持和加强党的全面领导，首先要做到"两个维护"，这是最大的政治要求和最高的政治原则。

二、坚持中国特色社会主义道路

中国特色社会主义是改革开放以来党的全部理论和实践的主题。① 从1982 年邓小平同志在党的十二大开幕词中第一次明确提出"建设有中国特色社会主义"这一重大命题之后，四十多年来的改革开放历程始终贯穿着中国特色社会主义这一鲜明主题。这一点可以从历次党代会的主题中得到清晰的体现。我们看到，从党的十三大到党的二十大，八次党代会都始终强调高举中国特色社会主义伟大旗帜。改革开放以来，我国经济实力、综合国力大幅提升，成功实现了从一穷二白的低收入国家向中等收入国家的跨越。事实证明，中国特色社会主义这条道路，是一条能够带领中国人民走向美好生活的人间正道。因此党的二十大报告再次强调，既不走封闭僵化的老路，也不走改旗易帜的邪路，坚定不移走中国特色社会主义道路。

不走改旗易帜的邪路道理非常简单，易于理解。众所周知，苏联当年走了改旗易帜的道路，最后亡党亡国。苏联人民七十多年积累的巨大的财富，让华尔街金融资本以非常小的代价洗劫一空，这可能是人类历史上最大的财富浩劫之一。普京在 2004 年的《国情咨文》中也曾深刻指出，苏联解体是 20 世纪地缘政治上的最大灾难，这个教训对于俄罗斯人民来讲是刻骨铭

---

① 《十九大报告辅导读本》编写组．党的十九大报告辅导读本［M］．北京：人民出版社，2017：16.

心、终生难忘的。不走封闭僵化的老路，并不是说当年我们走的老路是错误的，而是强调随着国内外环境的深刻变化，当年的老路已经不适应当前的发展环境。党的十八大之后，习近平总书记曾深刻阐述了如何理解老路和新路之间的关系。他强调，中国特色社会主义道路是在新中国成立后进行了二十多年建设的基础上开创的。因此"不能用改革开放后的历史时期否定改革开放前的历史时期，也不能用改革开放前的历史时期否定改革开放后的历史时期"。①

三、坚持以人民为中心的发展思想

人民群众是历史的创造者，坚持以人民为中心的发展思想，是马克思主义的根本立场。中国共产党作为马克思主义政党，代表着中国最广大人民群众的利益。我们党因民而生、为民而兴，没有自己的特殊利益，也不代表任何利益集团，始终把为人民谋幸福、为民族谋复兴作为我们的初心和使命，这也是我们党能取得一次次成功的根本所在。从我们党诞生之日起，就把"人民"写在自己的旗帜上。一百多年来，一代又一代中国共产党人，始终把实现好人民的根本利益作为一切工作的出发点和落脚点，把人民满意不满意作为检验一切工作的最高标准，紧紧依靠人民推动着民族复兴大踏步前进。

党的十八大以来，以习近平同志为核心的党中央始终坚持人民至上，坚持发展为了人民、发展依靠人民、发展的成果由人民共享，团结带领全国各族人民推动党和国家事业取得历史性成就，人民群众的获得感不断增强。坚持以人民为中心的发展思想不是抽象的而是具体的，不能只停留在口头上，而是要落实在具体的实际行动中。特别是要处理好经济增长与改善民生的关系，要认识到经济增长不是"数字游戏"或"速度游戏"，经济增长的最终的目是让人民过上更加美好的生活。因此，坚持以人民为中心的发展思想，要求我们谋划工作时要贴近群众的实际感受，想群众所想、急群众所急，扎扎实实办好每一件民生实事。

四、坚持深化改革开放

改革开放是决定当代中国命运的关键抉择，也是我们党的一次伟大觉醒。我们党在改革开放后开创了中国特色社会主义，也在改革开放中发展了中国

---

① 习近平. 习近平著作选读（第一卷）[M]. 北京：人民出版社，2023：78-79.

特色社会主义。习近平总书记深刻指出："没有改革开放，就没有中国的今天，也就没有中国的明天。"① 过去四十多年我们取得举世瞩目的辉煌成就，靠的是改革开放，未来全面现代化建设，依然要"吃改革饭、走开放路"。

当前，我国现代化建设进程中面临着一系列深层次的矛盾和问题躲不开、绕不过。比如说发展中不平衡不协调问题依然存在，关键核心技术"卡脖子"问题仍然突出，收入分配制度不合理导致收入分配差距依然较大，教育、就业、医疗等民生领域还面临不少难题，反腐败斗争的形势依然严峻等。解决这些问题，关键在于全面深化改革。全面深化改革，新在全面，要求我们从推进国家治理体系和治理能力现代化的角度，统筹推进经济、政治、文化、社会、生态、军队、党建等领域的改革；全面深化改革，难在深化，统筹推进不等于齐头并进，而是要注重抓重要领域和关键环节，通过实施精准改革，做到牵一发而动全身，将全领域改革引向深入。

改革开放四十多年来，共产党解放思想、实事求是，领导人民大胆闯、勇敢试，成功实现了从封闭半封闭到全方位开放的伟大转折，经济发展取得了巨大的成就。实践证明，开放带来进步，封闭必然落后。和四十多年前相比，当前各国经济联系更加紧密，世界已经成为你中有我、我中有你的地球村，加快推进互联互通成为促进世界各国共同繁荣的必然选择。对于我国而言，进入新发展阶段，构建新发展格局对扩大对外开放提出新的更高要求。我国对外开放的基本国策不仅不会改变，而且中国开放的大门会越开越大。未来，中国将秉持越发展越开放姿态，推进高水平对外开放，构建更高水平开放型世界经济体制。

五、坚持发扬斗争精神

党的十八大以来，"斗争"这个词是习近平总书记讲话的高频词之一。从党的十八大、到建党"七一"重要讲话、党的十九大、党的二十大等这些重要的会议中，"发扬斗争精神、增强斗争本领"是习近平总书记反复强调的内容。在党的二十大报告中，"斗争"一词出现了二十多次，而且把"敢于斗争、善于斗争"作为"三个务必"之一提到全党面前，把"坚持发扬斗争精神"作为前进道路上必须把握的重大原则之一，激励全党全国各族人民，依靠顽强的斗争打开事业发展的新天地。

---

① 习近平. 习近平关于全面深化改革论述摘编［M］. 北京：中央文献出版社，2014：4.

随着我国现代化建设事业的深入推进，我们前所未有的接近实现中华民族伟大复兴的目标。当前我国现代化建设既面临新的机遇，也面临许多前所未有的风险挑战。从国际上看，伟大复兴战略全局和百年大变局相互交织，以美国为首的西方国家炒作"中国威胁论""新殖民主义论"，支持"台独""港独"等势力，挑起贸易摩擦打压中国，企图遏制中国发展。对于我们来讲要坚决地和这些外部干扰我们民族复兴的势力斗争。同时要和我们自己斗争，跟我们自身随时可能再出现的某些毒瘤斗争，跟我们很多同志今天仍有的惰性斗争，跟我们国家治理能力的短板和不足斗争。正如习近平总书记强调的，"没有什么外力能够打倒我们，能够打倒我们的只有我们自己。"①

当前在我们面前，有可避之危，但是也有必经之途。有些风险我们发现了可以绕开它，不跟它纠缠，这叫可避之危。有些难关是凶险之地，但是绕不开躲不过，这是必经之途。这一点跟红军长征太像了，当年长征路上有些难关我们可以绕着走，但是娄山关、腊子口绕不开，雪山草地绕不开，湘江渡口绕不开，我们只能硬闯，没有别的出路。抗日战争期间，毛泽东同志多次强调，以斗争求团结则团结存，以退让求团结则团结亡。今天，习近平总书记告诫全党，"以斗争求安全则安全存，以妥协求安全则安全亡；以斗争谋发展则发展兴，以妥协谋发展则发展衰"②。我们要坚持发扬斗争精神，不断增强斗争本领，依靠顽强斗争来战胜前进道路上的各种风险挑战。

---

① 习近平. 习近平著作选读（第一卷）[M]. 北京：人民出版社，2023：578.
② 习近平. 为实现党的二十大确定的目标任务而团结奋斗 [J]. 求是，2023（1）.

第四章　以高质量发展推进
中国式现代化

发展是党执政兴国的第一要务，是解决所有问题的关键，但发展必须是高质量发展。高质量发展是中国式现代化的本质要求之一，体现了全面建设社会主义现代化的指导原则。党的二十大报告指出，到 2035 年我国人均 GDP 将达到中等发达国家水平。实现这一目标，必须努力提升全要素生产率，在保持一定经济增长速度的基础上，提高经济发展的质量和效益。2023 年底召开的中央经济工作会议，在对我国现代化建设所面临的内外部环境以及影响高质量发展的主要因素进行深入分析的基础上，明确提出"必须把坚持高质量发展作为新时代的硬道理"这一重大判断。新时代新征程，高质量发展是一项伟大而艰巨的事业，是关系全面现代化建设一场深刻变革。没有高质量发展，实现社会主义现代化的目标也无从谈起。我们必须深刻理解高质量发展这一新时代硬道理的重大论断，将新发展理念完整、准确、全面贯穿于高质量发展的各个领域，以高质量发展全面推进中国式现代化。

第八讲　新时代的发展必须是高质量发展

党的二十大报告明确提出，"高质量发展是全面建设社会主义现代化国家的首要任务。发展是党执政兴国的第一要务。没有坚实的物质基础，就不可能全面建成社会主义现代化强国。"① 2023 年底召开的中央经济工作会议，对高质量发展赋予新的时代内涵，提出高质量发展这一新时代硬道理的重大论断。推动高质量发展，是新时代确定发展思路、推进经济工作的根本遵循。

---

① 习近平. 高举中国特色社会主义伟大旗帜　为全面建设社会主义现代化国家而团结奋斗——在中国共产党第二十次全国代表大会上的报告（2022 年 10 月 16 日）［M］. 北京：人民出版社，2022：28.

一、认识经济增长与经济发展

高质量发展在我们党的正式文献中首次出现是在党的十九大报告。2017年10月召开的党的十九大，在中国特色社会主义进入新时代的关键时期，对决胜全面小康作出战略部署。在对经济领域进行部署的第五部分，明确提出"我国经济已由高速增长阶段转向高质量发展阶段"这一重大论断。[①] 两个月之后召开的中央经济工作会议再次强调，中国特色社会主义进入新时代，意味着我国的经济发展也随之进入新时代。新时代我国经济的基本特征表现为经济由高速增长阶段转向高质量发展阶段。我们注意到，两次重要会议的表述强调的都是经济由高速增长转向高质量发展、而不是转向高质量增长。因此要深刻理解高质量发展的内涵，首先应该搞清楚经济增长与经济发展的内涵，以及这两个概念之间的逻辑关系。

发展是人类社会永恒的主题，但是对于到底什么是发展，人类的认识有一个演进的过程。19世纪中叶之前，西方经济理论认为经济发展就是经济增长，那一时期这两个概念经常混用、交替出现。经济增长，是指一个国家或一个地区在一定时期内总产出的增长。通常我们用价值量衡量，比如说国内生产总值（GDP）或人均国内生产总值（人均 GDP）。既然认为经济发展就是经济增长，因此在那段时间，很多国家就把经济增长视为经济发展的唯一目标，经济增长快的国家普遍被认为比经济增长慢的国家更成功。在这种认识的指导下，第二次世界大战之后一些发展中国家实施了以经济增长为中心的发展战略，把经济增长作为经济发展首要标准甚至是唯一标准。经过一二十年的发展，这些国家经济总量增加了，国家的国力也提升了。但是由于过分强调和重视 GDP，忽视了经济社会其他方面的发展——比如说经济结构调整、收入分配制度、生态环境保护等问题，进而引起了极为严峻和较为突出的社会矛盾和社会问题，最后陷入了经济停滞、经济衰退，有一些国家甚至出现了经济动荡。最典型的就是20世纪八九十年代的拉丁美洲国家，在通过经济改革实现经济增长的同时，社会发展没有跟上，出现了收入分配不公、城乡发展失衡、生态环境恶化、教育事业发展缓慢、社会治安状况恶化等一系列问题。最终改革的结果和最初预期相去甚远，拉丁美洲国家陷入"失去的十年"，后来被称作"拉美陷阱"或者"中等收入陷阱"。

如果说经济结构、收入分配不合理等问题还可以通过后期的制度改革调

---

① 《十九大报告辅导读本》编写组 . 党的十九大报告辅导读本 ［M］. 北京：人民出版社，2017：29.

整的话，生态环境的恶化对公众健康的巨大影响却是不可逆的。尤其是发生在 20 世纪 30 年代至 60 年代的重大环境灾难"世界八大公害事件"，给人类留下了惨痛的教训，至今仍发人深省。仅 1961 年发生在日本四日市的哮喘病大发作事件，最终确认就有七十多万人因大气污染患上了严重的疾病，当地居民的生活受到了极其严重的影响。而且众所周知的是，生态环境一旦遭到破坏，其修复期是非常长的，甚至有一些生态遭到破坏后不可逆转。

1962 年，科普读物《寂静的春天》在美国出版，引起了全世界对环境保护的关注。这本书的作者是美国海洋生物学家蕾切尔·卡逊，她在书中讲述了滥用农药对环境造成的严重危害，人类将会面临一个没有蜜蜂、蝴蝶、鸟的世界。在该书第一章中，描述了一个城镇，在某一天的早晨，曾经各种小鸟一起发出的啁啾突然没有了，田野间、树林里到处一片寂静。这一段的描写尽管是虚构的，但是由于和现实世界是如此接近，让人触目惊心，引起了人们对环境问题的注意，唤起了人们的环境保护意识。之后各种环保组织纷纷成立，各国政府也开始关注环境保护问题。这一时期，越来越多的发展经济学家也开始对传统的发展理论提出了异议。

1966 年，美国经济学家克劳尔出版的《无发展的增长》一书，发表了他对利比亚经济研究的观点。书中指出，一段时期以来利比亚的经济虽然有较快的增长，但其主要原因是外国公司在利比亚投资开发石油并出口到欧美国家造成的。在这个过程中，尽管利比亚的经济总量和人均收入都有大幅增长，但其国内的技术水平、人力资源状况等并没有得到提升。而且这一时期利比亚的贫富差距被拉大，因出口石油增加的收入并没有让全体人民受益。这种经济增长在克劳尔看来显然没有促进国家的经济发展，他把这种状况称为无发展的增长。20 世纪六七十年代之后，经济学家开始认识到，经济发展不能简单的等同于经济增长，他们开始从更加宽泛的方面重新认识经济发展。

英国经济学家西尔斯认为，考察一个国家的经济发展至少要从脱贫、就业、社会公平三个方面来看。他指出，一个时期如果一个国家在经济快速增长的同时，社会失业、社会不公平以及贫困这三个方面的问题都得到了改善，那么这期间对这个国家来讲可以说是一个发展的期间。如果其中的一个或两个方面变得更加严重、特别是如果三个方面都变得严重的话，即使这个国家的人均收入翻了一番，这期间也不能被称为发展的期间。美国经济学家金德尔伯格在 1973 年出版的《经济发展》一书中，也谈到了对经济发展的认识。他认为，经济发展的目标应该是多重的，除了物质福利的改进之外，还应该包括经济结构及其机能的变化。与此对应的是反映经济发展的尺度也应该是多样化的。比如说除了总产出的增加之外，就业状况改善、技术进步、教育提升、收入分配合理、人口素质提高、社会政治生活等方面都应该包括在内。之后 1980 年出版的《新大英百科全书》也将经济增长和经济发展分别列为两个词条。1996 年联合国开发计划署在《人类发展报告》中，明确指出一些发展中国家出现的五种有增长而无发展的状况，即无工作的增长、无声的增长、无情的增长、无根的增长、无未来的增长。

到 20 世纪 90 年代，经济发展已经被看作一个多维的变化过程。除了经济增长之外，还包括经济结构的变化、贫困的克服、社会不公平的减少、生态环境的改善、人的尊严和价值得到尊重。简单地讲，这一时期一个国家的经济发展被看作在社会进步基础上的经济增长。这里我们必须指出的是，尽管经济发展不能简单等同于经济增长，但这并不意味着经济增长不重要。经济增长是经济发展的基础和首要的、必要的物质条件，没有增长，发展将成为无源之水。当然反之，没有发展，长期的可持续的增长也是不可能的。

二、高质量发展的科学内涵

关于高质量发展的内涵，中央有明确的解释，"高质量发展，是能够很好满足人民日益增长的美好生活需要的发展，是体现新发展理念的发展，是创新成为第一动力、协调成为内生特点、绿色成为普遍形态、开放成为必由之路、共享成为根本目的的发展。更明确地说，高质量发展，就是从'有没有'转向'好不好'。"① 这段话中讲到的"有没有"很好理解，但是对于到底什么是"好不好"，理解起来还是比较抽象，需要我们进一步剖析。

2018 年 11 月 15 日，王东京教授在《经济日报》发表了一篇题为《高质量发展是抓经济工作的大前提大逻辑》的文章。在这篇文章中，王东京教授认为全面理解高质量发展的科学内涵，需要把握以下三个要点：以提升产出质量为目标、以资源集约和节约为前提、以科技创新为动力。换句话讲，高质量发展应该体现出产品质量高、投资效益好、以创新为动力这三个特征。

第一，产品质量高。对产品质量高的理解要从产业和企业两个层面上分析。从产业层面上讲，产品质量高，强调的是优化产业结构，加快实现产业转型升级。在国际产业链的分工中，我们要逐渐从"微笑曲线"的中间向两端延伸，也就是从中低端产业向中高端产业升级。从企业经营层面来看，产

---

① 中共中央宣传部. 习近平新时代中国特色社会主义思想学习纲要 [M]. 北京：学习出版社，人民出版社，2019：112-113.

品包含物质产品和服务产品。产品质量要高，强调企业提供的无论是物质产品还是服务产品，都要坚持质量为先的原则，弘扬工匠精神，全面提升产品质量水平。众所周知，产品质量的高低一方面影响消费者的生活质量，另一方面也关系到企业的生存与发展。2017 年 6 月 9 日，《人民日报》一篇评论员文章《保质量安全就是保民生》指出，我国制造业目前每年因质量问题带来的直接损失超过 1000 亿元，由于假冒伪劣商品带来的直接损失高达 2000 亿元以上，因此提升产品质量至关重要。当然作为微观层面的企业，生产高质量的产品，除了注重技术创新、公司管理、人才队伍等方面的建设之外，还要注重品牌建设。由于我国在很长一段时间强调质优价廉的理念，导致和世界制造强国相比，我们的品牌意识还不够。比如说和"德国制造""日本制造"相比，"中国制造"高端品牌不足、影响力还不够强大。未来企业创造高质量的产品，要顺应个性化、多样化的趋势，在产品性能、细节上下功夫，强化品牌意识，增强产品的影响力。

第二，投资效益好。指的是在提升产品质量的同时，还要节约资源、降低能耗、减少污染，提高投资效率。通俗地讲，就是要以最小的代价生产高质量的产品。众所周知，经济发展在一定时期、一定阶段会呈现出不同的特征。比如说从 1978 年改革开放到 2008 年国际金融危机这三十年，我国经济发展有一个非常鲜明的特征就是高速度，三十年我国经济平均增速超过 10%。但是高速增长的背后是我们不能回避的高代价——高投入、高消耗、高污染、低产出，也就是我们的投入产出比不高。作为高质量发展的重要特征，投资效益要好，意味着今后我们的发展要从当年的"三高一低"转向"三低一高"。

第三，以创新为动力。前两个特征分别谈到产品质量高和投资效益好，那么如何实现既要做到产品质量高，又能实现投资效益好？这就涉及发展动力的转换，必须从过去的资源推动转换为创新驱动，让创新成为经济发展的第一动力。要实施创新驱动发展战略，培育新动能、新的增长点，推动经济转型升级，增强经济竞争力。当然这里的创新除了技术创新之外，还包括制度创新、管理创新、理念创新等。

通过以上分析可见，实现"有没有"转向"好不好"，关键是要通过动力的变革推动经济发展的质量变革和效率变革。

第九讲　为什么要转向高质量发展

理解高质量发展的科学内涵后，接着需要搞清楚的重要问题就是，我国经济为什么要从高速增长转向高质量发展。这个问题我们可以从以下三个方面进行分析。

一、保持经济持续健康发展的必然要求

从 1978 年改革开放到 2008 年国际金融危机爆发，这三十年中国经济增长平均速度接近 10%，创造了第二次世界大战结束后一个国家经济持续高速增长时间最长的奇迹。我们用几十年的时间走完了发达国家工业化几百年的历程，经济总量从改革开放之初的第十一名上升到 2009 年的第二名，制造业规模在 2010 年首次超过美国，成为世界第一，创造了世界发展史上的奇迹。那么是什么样的条件支撑我们三十多年的高速增长呢？

众所周知，改革开放之初，我们面对的主要是问题是产品短缺，也就是有没有的问题。1978 年我们实行改革开放政策的时候，适逢经济全球化第三次浪潮兴起，国际资本正在全球寻找更好的投资机会，当我们把国门打开后，国际资本像潮水般涌向中国。现在回过头来看，当年为什么国际资本趋之若鹜，主要有三个因素。一是中国当年各种资源的价格非常便宜；二是中国当年拥有几乎是取之不尽、用之不竭的廉价劳动力；三是当年中国各级地方政府铆足劲开出多种优惠条件，希望能更多地吸引外资。在这样的背景下，发达国家开始有计划地把它们相对落后的产能大规模向中国转移，这也最终成就了中国的加工业。当时我们几乎是来者不拒，我们没有能力去挑三拣四。1978 年我国 GDP 仅 3679 亿元人民币、世界排名第十一位、占世界经济的比重为 1.8%，中国的人均 GDP 还不到非洲最穷国家的 1/3，那时候的中国可以说真的是世界上最穷的国家，我们迫切需要解决有没有的问题。当时中国积极融入经济全球化，采取低成本出口战略参与国际分工与合作，最后中国的加工业异军突起，中国生产的物美价廉的产品源源不断走向世界，我国经济也实现了大跨步增长。

随着中国经济体量越来越大，这种低端产业出口导向的发展模式也给我们带来了很多问题。比如说资源环境的瓶颈问题。当时我国向世界提供的产品基本上都处于低端产业，也就是被称作"三高一低换一高"的产业——高投入、高消耗、高污染、低效率换来三十多年接近两位数的高增长。但是随着我国经济的发展，我国的劳动力、土地、资源等各种成本都在增加，与其他的发展中国家相比，我国的成本优势在逐渐减小。另外，随着我国经济体量的增大，再用之前的模式发展，中国经济既做不到也受不了。如果横向比较的话，如今我国一年的经济增量，就相当于一个中等发达国家一年的经济

总量；如果纵向比较的话，现在 GDP 每增长一个百分点，相当于五年前增长两个百分点、十年前增长三个百分点，这也意味着对资源环境的消耗也成倍增加。按照当前资源环境对我国的约束情况，之前发展模式下的高增长不可持续。再比如说贸易摩擦的问题。某种意义上讲，市场经济是"过剩经济"。全世界的市场就那么大，当中国的经济体量不断增大、对外出口直线上升，也就意味着其他国家的市场份额会不断被挤压，这也是中国为什么连续二十多年成为全球遭遇反倾销调查最多国家的重要原因之一。

通过以上的分析可见，这种低端产业出口导向型的发展模式不可持续，必须改变，因此推动我国经济实现高质量发展刻不容缓。

二、适应我国社会主要矛盾变化的必然要求

党的十九大报告指出："我国社会主要矛盾已经转化为人民日益增长的美好生活需要和不平衡不充分发展之间的矛盾。"① 美好生活需要，是指人民群众除了对物质文化有更高的需求外，对民主法治、社会公平、生态环境等方面的需求也日益增长。不平衡不充分的发展，是指尽管我国发展取得了很大的成就，但是和人民群众的美好生活需要相比，在数量、质量、空间、结构等方面还存在一定的差距。

收入决定消费是经济学的一个基本原理，讲的是不同的收入群体对应着不同层级产品的消费。也就是说低收入群体的消费对应的是中低端产品，高收入群体对高端产品有需求。新中国成立后很长一段时间，我国经济发展相对落后，落后的社会生产能力无法满足人民不断增长的物质文化需求。因此，尽快生产更多产品和服务是解决这一矛盾的基本思路。但是经过四十多年的发展，我国的基本国情发生了巨大的变化。我们历史性地解决了绝对贫困问题，全面小康胜利实现，经济总量稳居世界第二，城乡居民恩格尔系数从新中国成立之初的 80% 多降至今天的 30% 左右，拥有全世界规模最大、成长性最强的中等收入群体。随着老百姓收入水平的提高，我国的需求结构也相应地发生了巨大的变化，人民需求的关注点已经由原来的"有没有"转向"好不好"。但是长期以来供给端集中在中低端产业，中高端产业发展相对缓慢，这就导致出现了供需错配的矛盾。

供给和需求是分析宏观经济的两个基本方面，两者之间的关系既对立又统一，没有供给需求无法被满足，没有需求供给也无法实现。进行宏观经济

① 《十九大报告辅导读本》编写组 . 党的十九大报告辅导读本 ［M］. 北京：人民出版社，2017：11.

调控希望实现供给和需求大致平衡，经济才不会出现大起大落、才有可能会平稳发展。而这里的供给和需求大致平衡，不仅是总量平衡，还需要结构平衡。进入新时代，我国经济发展已经由"短缺"走向"过剩"、由"温饱""小康"走向"现代化"，居民消费也发生了从以物质产品为主消费向多样化服务消费、从追求量的满足向注重质的提升、从从众模仿型消费向个性化消费等。居民的消费发生了质的提升和结构性的变化，但是如果高质量的、高水平的供给不足，就会导致供需结构上的矛盾。比如说一些行业产能严重过剩，但与此同时大量的关键技术装备与高端产品国内供给严重不足，还需依赖进口。再比如说新冠疫情之前的几年，我国居民每年出境旅行支出均超过一万亿元人民币，消费者在境外购买的商品除了名包名表、珠宝首饰、化妆品等奢侈品之外，还包括电饭煲、奶瓶、奶粉等普通的日用品。虽然这些普通日用品没有多少科技含量，国内也有很多品牌供应，但是和消费者在这些产品上多样化的需求相比存在着一定的差距，因此，大量的需求只能外溢。这就说明，我国并不是没有需求或者是需求不足，而是我们的需求发生了质的提升，但是供给的质量、服务没有跟上，也就是有效供给能力不足，最后导致消费能力严重外流。

总之，随着我国主要矛盾发生变化，我国发展阶段也发生了历史性变化。解决当前的社会主要矛盾，要求我们在重视数量的同时，必须把发展的质量放在更加突出的位置上，推动实现高质量发展。解放和发展生产力，通过改革推进结构调整，减少无效供给，扩大有效供给，着力提升发展的质量和效益，增强供给对需求变化的适应性，最终使得经济在质的大幅提升中实现量的有效增长。

三、遵循经济发展规律的必然要求

经济发展有其内在的规律。习近平总书记指出，"经济发展是一个螺旋式上升的过程，上升不是线性的，量积累到一定阶段，必须转向质的提升"。[①] 从历史上看，遵循这一发展规律的国家，其经济发展最终取得了成功；反之，违背这一规律的国家，经济发展到一定的阶段后，出现了徘徊甚至倒退的现象。世界银行在 2006 年《东亚经济发展报告》中把这种现象称作"中等收入陷阱"。

按照人均国民收入水平高低，世界银行将全球 200 多个国家划分为低收

---

① 习近平. 习近平著作选读（第二卷）[M]. 北京：人民出版社，2023：67.

入国家、中等收入国家、高收入国家三类。中等收入陷阱描述的是处于中等收入阶段的国家可能会面临的一些困境问题。具体而言，一些低收入国家经过一段时间的发展到达中等收入国家的水平后，由于其发展战略和发展方式没有顺利实现转变，导致推动经济发展的内生动力不足，经济增长会出现徘徊甚至倒退，人均收入水平也难以再提高。与此同时，在前期快速发展过程中掩盖的矛盾和问题会集中爆发，最后使得这些国家出现经济动荡，有的国家甚至引发了社会动荡或政权更迭。第二次世界大战结束后，很多国家从一贫如洗的低收入水平发展到了中等收入水平，但是只有少数国家继续保持了较快的增长速度，成功进入了高收入国家的行列。其余的大部分国家在中等收入阶段长期徘徊，有的国家甚至出现了社会倒退。比如，阿根廷在20世纪初的时候，经济总量排名世界前十，人均收入曾一度超过德国，其首都当年被称为南美巴黎。如今的阿根廷人均收入还不到德国的三分之一。在世界银行2012年发布的报告中显示，在20世纪60年代的101个中等收入国家中，到2008年只有13个国家成功跻身为高收入国家，其余的88个国家或停滞不前、或退回到低收入国家的行列。

经济学家经过研究发现，这些陷入中等收入陷阱的国家，至少有三个共性问题没有解决好。第一，创新能力不足。这些国家在前期的发展中不重视创新，到了中等收入阶段，在国际产业链分工中会处于比较尴尬的位置。低端产业由于其成本上升不能干，高端产业由于自主创新能力不足又干不了，最终这些国家经济发展由于没有足够的动力，出现了停滞甚至衰退。第二，收入分配制度不合理。这些国家迈向中等收入阶段的过程中，没有合理设计收入分配制度，导致收入分配差距拉大甚至出现两极分化。这一方面影响社会稳定，另一方面使得社会有效需求不足，最终不利于经济循环。第三，市场化改革滞后。市场经济最典型的要素至少有两个，一是市场配置资源，二是法治经济。市场化改革滞后，也就意味着这些国家资源配置的权力在很大程度上不在市场，而是在政府相关权力部门官员的手中。如果这些国家法治化也滞后，对权力的监督和制约又不够，投资者想获取资源最有效的手段就是向相关官员行贿。最后就会出现资源配置不是按照市场效率来配给，而是按照腐败指数来分配。成功跨越中等收入陷阱的国家，对以上这三个共性问题都解决得非常好。这些国家在前期重视创新、收入分配制度合理、大力推进市场化改革，在经历了高速增长阶段后，最终新旧动能成功转换，产业升级顺利实现，经济发展实现了从量的扩张向质的提高的转变。

对于中国来讲，经过改革开放后四十多年的发展，我们已经从低收入国家进入上中等收入国家的行列。和其他的中等收入国家一样，低成本优势逐渐减少。比如，随着我国农村剩余劳动力转移基本殆尽，我国劳动力低成本红利逐渐消失。在这样的背景下推动经济增长，只能想办法提高全要素生产率。而提高全要素生产率最重要的就是提升我们的自主创新能力，通过创新使得经济增长从粗放转向集约、从外延式转向内涵式。

总之，遵循经济发展规律，推动经济发展从量的扩张转向质的提升，提高经济发展的质量，是我国跨越中等收入陷阱、进入高收入国家行列的必然要求。

第十讲　全面推进高质量发展

发展是解决中国所有问题的基础和关键，也是中国共产党执政兴国的第一要务。新中国成立以来，中国共产党就是在不断回答发展这个重大问题中践行初心和使命。党的十一届三中全会后，我国坚持以经济建设为中心，创造了高速增长的发展奇迹，国家综合实力大幅跃升，发展是硬道理的科学论断也深入人心。党的十九大根据我国发展条件和阶段的变化，提出我国经济转向高质量发展阶段的重要论断。党的十九届五中全会把高质量发展作为新时代我国经济社会发展的主题。党的二十大明确提出，高质量发展是全面建设社会主义现代化国家的首要任务。2023 年 12 月召开的中央经济工作会议，总结经济工作的重要经验，提出"五个必须"的重要要求。其中，"必须把坚持高质量发展作为新时代的硬道理"摆在了第一位。从发展是硬道理、发展必须是高质量发展、高质量发展是全面建设社会主义现代化国家首要任务到新时代的硬道理，体现了我们党进一步深化了对经济建设规律的认识。

一、必须把高质量发展作为新时代的硬道理

进入新时代以来，党中央把中国经济发展放到全球视野和时代大潮中观察。贯彻新发展理念，加快构建新发展格局，着力推动高质量发展，我国经济发展取得历史性成就。党的十八大以来的十年，我国经济增长速度年均 6.2%，对世界经济增长的贡献居于首位、年平均贡献率超过 30%；经济总量从 2012 年的 53.9 万亿元增长到 2022 年的 121 万亿元人民币，占世界经济比重从 2012 年的 11.4%提升到 2022 年的 18%；人均 GDP 从 2012 年的 6301 美元上升到 2022 年的 1.27 万美元，人民生活水平大幅上升；世界第二大经济体、制造业第一大国、外汇储备第一大国、世界第二大消费市场等的地位进

一步巩固。十年来党中央高度重视创新，以科技自立自强谋求新的国际竞争优势。全社会研发投入从 2012 年的 1.03 万亿元提高到 2022 年的 3.08 万亿元，研发投入强度从 2012 年的 1.91% 增长到 2022 年的 2.55%；全球创新指数排名从 2012 年的第 34 位上升到 2022 年的第 11 位。创新动能不断增强，重大创新成果竞相涌现，产业转型步伐加快，我国经济发展迈上更高质量、更有效率、更可持续的发展之路。

在肯定成绩的同时，必须看到，我国发展不平衡不充分的问题依然比较突出。不平衡问题主要指的是比例关系不合理，具体体现在以下几个方面。一是城乡发展不平衡。当前我国城乡居民收入以及城乡公共服务等方面的差距依然很大。二是区域发展不平衡。由于政策差异以及区位优势等原因，东南沿海地区率先发展，部分城市的发展水平已经接近发达国家水平。尽管国家多年来深入实施区域协调战略，但中西部地区在居民收入、教育、居住等方面和东部地区相比仍有很大差距。三是收入分配不合理。改革开放之初，我国的基尼系数为 0.317，1994 年首次越过警戒线 0.4，最高时曾经接近 0.5，近年来尽管有所回落，但是仍然处在较高水平。四是经济社会发展不平衡。与快速增长的 GDP 相比，和人民生活密切相关的医疗、住房、上学、养老等问题仍是百姓的烦心事。不充分问题指的是发展不足，发展中还存在诸多短板，具体体现在以下几个方面。一是人均水平较低。尽管当前我国经济总量稳居世界第二，但是由于人口规模巨大，和发达国家相比人均水平还有不小的差距。二是市场发展不充分。所有制歧视时有发生，民营企业市场准入限制依然较多，"玻璃门""弹簧门"等现象大量出现，地方保护主义仍然存在。三是有效供给不足。和快速升级的居民消费相比，能满足消费者个性化、多样化的供给能力还有很大差距。四是投资效率不高。和发达国家相比，我国投资效率依然较低，全要素生产率不到美国的一半。

党的二十大报告指出，2035 年社会主义现代化基本实现，21 世纪中叶建成社会主义现代化强国。社会主义现代化是包括经济、政治、文化、社会、生态等方面在内的全面现代化，高质量发展也不仅仅是经济领域的高质量，而是经济社会各个领域都要高质量发展。要保证我们如期实现现代化的目标，单纯数量扩张和低水平重复建设没有出路。只有把高质量发展贯彻到经济社会的各领域全过程，才有可能解决我国发展中的不平衡不充分问题，最终顺利推进全面现代化建设。因此党的二十大报告强调，高质量发展是全面建设社会主义现代化国家的首要任务，中央经济工作会议又作出高质量发展这一新时代硬道理的重大论断。我们要坚持以推动高质量发展为主题，将高质量发展同推进现代化建设有机统一起来，唯其如此，中国式现代化道路才能越走越宽广。

二、以新发展理念引领高质量发展

理念是行动的先导。正确的发展理念对发展实践能否获得良好效果起着决定性作用。实践告诉我们，随着发展条件和发展环境的改变，发展的理念也必须作出相应的改变。党的十八大以来，适应新形势新任务的变化，我们党及时调整发展思路，提出了创新、协调、绿色、开放、共享五大发展理念。习近平总书记强调，新时代抓发展，必须更加突出发展理念，坚定不移用新发展理念引领经济社会走上高质量发展之路。

以新发展理念引领高质量发展，一要通过创新解决发展动力问题。创新是引领发展的第一动力，要坚持创新在现代化建设中的核心地位，牢牢掌握创新发展的主动权，通过创新解决我国发展动力的转换问题。要强化企业的创新主体地位，完善我国创新体系，全面提升我国自主创新能力，推动关键核心领域技术突破，早日解决"卡脖子"问题，为我国经济发展塑造新动能、激发新活力。二要通过协调解决发展不平衡问题。协调既是发展目标，也是发展手段，还是评价发展质量好坏的标准。我国地域辽阔，由于资源禀赋差异和历史原因，各地之间发展不平衡是客观现实。要正确处理当前和长远、局部和整体的关系，运用辩证法，针对我国当前发展中不平衡、不可持续的突出问题，深入推进城乡、区域、经济社会协调发展，着力增强发展的整体性。三要通过绿色解决人与自然和谐问题。人因自然而生、因自然而存，人类自身的生产生活活动只有尊重自然，才可能与自然和谐共生。要践行"绿水青山就是金山银山"的理念，深入推进绿色发展，推动发展方式绿色转型，加快美丽中国建设。四要通过开放解决内外联动问题。开放带来进步，封闭必然导致落后，中国四十多年的发展成就得益于对外开放。当今世界已经成为一个我中有你、你中有我的地球村。要提高"两个大局"的自觉性，坚持经济全球化的正确方向，深度参与全球分工合作，提高对外开放的质量，加快构建高水平开放型经济新体制。五要通过共享解决社会公平问题。实现共同富裕是社会主义的本质要求，高质量发展不仅要把"蛋糕"做大做好，还要通过合理的分配制度，把"蛋糕"切好分好。要坚持以人民为中心的发展思想，努力解决好人民群众关注的身边事，让人民群众共享发展成果，让高质量发展为全体人民提供高品质的生活。

三、推动高质量发展要处理好一些重大关系

推动高质量发展，必须坚持系统观念，处理好以下几个重大关系。

处理好速度和质量的关系。高质量发展是解决"好不好"问题的发展，是更加注重发展质量的发展，但这并不意味着我们不要数量。对于一个经济体来讲，合理的经济增长是必需的。事实上，数量与质量不是对立的关系，高质量发展是数量与质量辩证统一的发展。量的增长为质的提升提供基础，质的提升为量的持续增长提供动力，二者相辅相成。只有数量没有质量，当然不能说是高质量发展；但是如果没有量的增长，发展也将成为无源之水，也就谈不上是高质量发展。过去在短缺经济条件下，我们追求速度、数量，如今在相对过剩的条件下，我们要追求的高质量发展不是不要速度，任何质量效益都是建立在速度规模之上的。党的二十大报告指出，到2035 年基本实现现代化，人均 GDP 达到中等发达国家水平。国家统计局数据显示，2022 年我国人均 GDP 为 1.27 万美元，而中等发达国家人均 GDP 至少在 2.5 万美元以上。由此可见，要想如期实现这个目标，没有一定的增长速度是不可能的。因此党的二十大报告强调，要推动经济实现质的有效提升和量的合理增长。

处理好发展和安全的关系。发展和安全之间的关系如鸟之两翼、车之两轮，互为条件，相互促进。一方面，安全是发展的基础，没有国家安全，发展也不可能顺利实现。另一方面，发展是安全的保障，某种意义上讲，一个国家发展实力决定着它的安全保障能力。党的十八大以来，习近平总书记以强烈的忧患意识和统揽全局的战略思维，强调要高度重视、统筹做好发展和安全两件大事。当前全球治理体系深刻变革，国际格局深度调整，世界百年未有之大变局加速演进，我国发展进入不确定难预料风险增多时期。面对随时可能发生的"黑天鹅、灰犀牛"事件，我们要坚持底线思维，贯彻总体安全观，牢牢守住粮食、金融、能源、生态、供应链产业链、数据等重点领域的底线和红线。要居安思危，下好先手棋、打好主动仗，科学评估安全形势，防范化解各种风险挑战。要聚焦高质量发展这一首要任务，坚持把高质量发展作为新时代的硬道理，加快构建新发展格局，加大基础研究投入，提高自主创新能力，打破科技创新梗阻，提升我国的经济竞争力，增强我们发展的自立性，在推动高质量发展中夯实国家安全的实力基础。

处理好政府和市场的关系。如何处理政府和市场之间的关系，是一个世界性的问题，它既是各国理论界关注的焦点，也是各国实践中的难点。改革

开放以来，我们解放思想，在社会主义制度条件下发展市场经济，不断探索政府和市场各自的边界、理顺两者之间的关系，将市场经济的长处和社会主义制度的优越性有机结合，取得了令人瞩目的伟大成就。当然必须指出的是，我国发展中的体制性机制性障碍还没有完全消除，在实践中，政府和市场之间的关系在部分地区、部分领域依然存在边界不清的问题。有些地方政府存在过度干预，"看得见的手"压制了"看不见的手"，降低了市场配置资源的效率。有些地方政府该管的没管或者是没有管理好，出现了缺位的现象，也影响了市场运行的节奏。前进道路上，推动高质量发展，要让有为政府和有效市场有机结合，充分发挥市场配置资源的决定性作用，更好发挥政府的作用。处理好两者之间的关系，要划清管理的边界。市场起决定性作用并不意味着市场万能，更好发挥政府作用也不代表政府无所不为。市场配置资源的基本手段是竞争机制和价格机制，凡是在竞争机制和价格机制能发挥作用的领域，市场可以充分配置资源、解决问题，政府要给市场放权松绑，尽快退出、绝不越位，让市场主体更好释放其活力。凡是市场不能解决的问题，政府一定要果断出手、绝不缺位。比如，在体现社会公平的收入分配领域，政府要合理设计相关制度，推动收入在社会成员之间合理分配。

处理好发展经济和改善民生的关系。习近平总书记指出，"人民对美好生活的向往，就是我们的奋斗目标"。坚持以人民为中心的发展思想，强调的是发展为了人民、发展的成果要由人民共享。如果我国的发展不能改善人民生活水平、提升人民生活质量，那么这样的发展毫无意义也不可持续。党的十八大以来，我国坚持人民至上，以新发展理念引领经济高质量发展的同时，积极回应人民期待，全方位增进民生福祉，人民群众的获得感显著增加。新时代新征程，推动高质量发展，要处理好经济发展和民生改善的关系，以同频共振为指向，实现两者之间的良性循环。一方面，改善民生要尽力而为。要树立抓民生也是抓发展的理念，因为民生的改善本身可以为发展提供重要的动力。比如，提升教育质量可以为经济发展提供更高素质的人力资源；制定合理的收入分配制度，有利于增加有效需求。因此要尽力而为改善民生，能做到的绝不拖延，避免重蹈当年陷入中等收入陷阱国家的覆辙。另一方面，改善民生还要量力而行。改善民生不能脱离我国初级阶段的基本国情，要建立在财力允许的基础之上。不给群众作过高承诺，不吊高群众胃口，避免掉入一些国家出现的福利主义陷阱。改善民生要发挥好托底作用，织好社会保障这个安全网，对重点地区、重点领域高度关注，对特殊群体要兜好底线、应保尽保。

第五章　以构建新发展格局为
战略基点推动高质量发展

2008 年国际金融危机以来，我国发展经济的整体思路逐渐开始转变，强调要更加注重国内市场，扩大内需以畅通经济循环。通过实施供给侧结构性改革，优化供给结构以适应需求结构的变化，解决了一些短期的问题，但中长期结构性问题依然没有实现有效突破。2020 年，以习近平同志为核心的党中央根据我国发展自身阶段以及国内外环境的变化，审时度势作出构建新发展格局的重大决策。之后，习近平总书记多次围绕新发展格局作出重要论述。党的二十大报告第四部分以"加快构建新发展格局着力推动高质量发展"为标题，对全面现代化建设的经济领域进行了战略部署。2023 年 3 月全国"两会"期间，习近平总书记在参加江苏代表团审议时强调，加快构建新发展格局是推动高质量发展的战略基点。新时代新征程，要牢牢抓住高质量发展这个首要任务，坚持问题导向，着力破除影响新发展格局构建的矛盾和问题，在加快构建新发展格局中，推动经济实现高质量发展。

第十一讲　什么是新发展格局

深刻理解以构建新发展格局为战略基点推动高质量发展，首先必须要搞清楚到底什么是新发展格局；和"旧"发展格局相比，这个"新"到底体现在哪里。

一、新发展格局的提出

2020 年 5 月 14 日，在中央政治局常委会议上，习近平总书记指出，"要深化供给侧结构性改革，充分发挥我国超大规模市场优势和内需潜力，构建国内国际双循环相互促进的新发展格局。"[①] 这是我们党最早提出构建新发展

[①]　樊纲. 双循环构建"十四五"新发展格局 [M]. 北京：中信出版社，2021：8.

格局的时间。

2020年5月23日，习近平总书记在参加全国政协十三届三次会议经济界委员联组会时指出，要把满足内需作为经济发展的出发点和落脚点，逐渐形成以国内大循环为主体、国内国际双循环相互促进的新发展格局。在这次讲话中，习近平总书记在几天前提出的"国内国际双循环相互促进的新发展格局"前面，加上了"以国内大循环为主体"。

2020年10月，召开的党的十九届五中全会再次提出，要加快构建以国内大循环为主体、国内国际双循环相互促进的新发展格局。至此，新发展格局成为我国"十四五"乃至未来更长时期实现高质量发展的重要推动力。

二、新发展格局的内涵

从上面的论述中可以看到，新发展格局就是以国内大循环为主体、国内国际双循环相互促进的发展格局。在这句话中，循环这个词出现了两次，所以，认识新发展格局，先从循环谈起。

众所周知，无论西方经济学还是马克思主义政治经济学都认为，经济活动是一个周而复始的动态循环过程，也就是包括生产、分配、流通、消费四个环节的周而复始的动态循环过程。所以说，经济循环简单地讲就是周而复始的社会再生产，其中生产是社会再生产的起点，分配和流通是桥梁，消费是这一轮的终点、但也是下一轮的起点。在社会再生产中，生产创造社会财富，是人类社会存在和发展的基础，居于支配地位，对其他三个环节起着决定作用；但是分配、流通和消费对生产又有反作用，因为生产出来的产品只有通过分配和流通环节，最终进入消费，下一轮的生产才能重新开始。因此只有生产、分配、流通、消费这四个环节相互协调、有机衔接，社会中再生产才能顺利进行。

从地域空间范围来看，以国家（或经济体）为边界，一个国家的经济循环又分为国内循环和国际循环。国内循环，可以简单地理解为基于内部供应链，生产、分配、流通、消费各个环节都在国内完成的经济循环。国际循环，就是一个国家通过发挥比较优势，其社会再生产的各个环节参与国际分工和合作，基于国际供应链完成的经济循环。任何一个国家，只要你有对外贸易，经济循环就是国内国际双循环。我们知道，在经济全球化的背景下，很少有国家完全闭关锁国、只存在国内的经济循环，绝大多数国家都或多或少的存在对外贸易，都不同程度地参与了国际循环。它们的不同之处在于是以哪一种循环为主。当然到底是以国内大循环为主体，还是以国际大循环为主体，这和一个国家发展的阶段、环境、条件、目标以及战略有很大的关系。比如，美国、日本等发达国家，在其国内有效需求不足的时期，都曾经强调依靠国外市场，通过出口导向战略推动本国经济迅速增长，最终实现了经济赶超。但是当经济发展到一定阶段之后，主要依靠外部力量对本国经济的拉动作用已远远不够，这些国家开始积极推动产业转型，努力释放内需潜力，逐渐地从外向型经济转向内需增长型经济，最终迈入高收入国家的行列。

从中国自身看，今天我们讲的新发展格局，是相对于之前的旧发展格局而言的。改革开放以来特别是加入 WTO 之后，我国积极参与国际大循环，通过低成本出口导向战略实现了经济的高速增长。这一时期我国贸易顺差不断加大，对外依存度飞速上升，经济发展的外向型特征非常明显，国际大循环处于主导地位。这种发展格局相对于今天的新发展格局而言，我们姑且把它称作旧发展格局，其特征就是国际大循环在经济循环中处于主导地位。这种旧发展格局尽管让我们用几十年的时间走完了发达国家上百年的工业化进程，但是也带来了一些负面效应。比如，对外依存度过高、产业基础薄弱、核心技术受限、内需严重不足等问题日益突出。这些问题使得我国经济的脆弱性增强、风险变大，最终又制约着我国经济的高质量发展，因此必须作出转变，即要从国际大循环处于主导地位逐渐转向以国内大循环为主体、国内国际双循环相互促进的新发展格局。

准确理解新发展格局，要把握好以下三点。

第一，国内大循环是新发展格局的主体。以国内大循环为主体，意味着在双循环中，国内循环是主循环，国际循环是次循环。从国际上来看，大型经济体都是以内循环为主体的，国际循环只是国内循环的辅助和延伸。比如，美国、日本等大国，其内需对 GDP 的贡献率都超过了 70%。以国内大循环为主体，要求我们必须坚持供给侧结构性改革这条主线，持续扩大内需，提升供给体系对国内需求的适配性，依托强大的国内市场，打通经济循环的梗阻，贯通生产、分配、流通、消费各个环节，使得国内市场成为需求的主要来源。当然我们还要强调的是，对国内市场成为需求主要来源的理解，不能仅仅局限在简单的数量对比关系上，更重要的是，要看一个国家对社会生产中产业链关键环节的控制力强弱，特别是在一些关系到国家安全、民生事业的重要产业方面，一定要做到安全可控。

第二，以国内大循环为主体不是关起门来封闭运行。以国内大循环为主体，绝不意味着我们要闭关锁国，不再参与国际经济循环。从历史的角度看，改革开放四十多年的发展经验表明，我国之所以能取得巨大的成就，打开国门对外开放，充分利用国际市场以及资源至关重要。未来我国的发展依然应该进一步提升开放水平，到世界经济的大海中奋勇搏击，以促进国内的发展和改革。从现实的角度看，我国经济已深度融入世界经济，今天中国已是100多个国家的第一大贸易伙伴、几十个国家的第二大贸易伙伴，我国和世界上很多国家产业的关联度都非常高。经济内循环离不开国际供应链、产业链的配合，我国的技术进步也只有在参与国际合作和竞争中才能快速提升，关起门来只会拉大我国与世界先进水平的差距。因此对于我国来讲，完全封闭的国内单循环既不可能，也不现实。中国未来的发展离不开世界经济，当然世界经济的发展也离不开中国。从未来的角度看，尽管当前贸易保护主义盛行，但是经济全球化依然是历史潮流，国际社会通过分工合作、实现互利共赢仍是未来的趋势。我们一定要站在历史正确的一边，用好超大规模市场优势，高质量利用外资，通过融入国际循环促进国内循环，推动我国经济实现高质量发展。

第三，国内国际循环是不可分割的统一整体。新发展格局是双循环，国内循环和国际循环两者相互促进、缺一不可。这一点强调的是新发展格局的整体性，是形成新发展格局的关键。强调双循环的整体性，要求我们一方面要充分利用超大规模的市场优势，打通制约国内循环各个环节的梗阻，实现以我为主、做到自主可控，最终通过提升国内循环水平来促进国际循环；另一方面又要进一步提升开放水平，更好利用两个市场、两种资源，促进国内国际市场更好连通，拓展我国发展的新空间，通过国际循环来促进国内循环。

第十二讲　为什么要构建新发展格局

当前，世界正经历百年未有之大变局，国际政治、经济、文化、安全等格局都在深刻调整。与改革开放初期相比，无论是我国发展所面临的外部环境，还是我国自身的国情国力都发生了较大的变化。党中央在深刻分析世界经济发展大势以及我国发展新阶段优劣势的基础上，统筹"两个大局"，作出构建新发展格局的重大战略决策。深刻认识构建新发展格局提出的背景，理解其背后运行的经济规律，对于我国下一步制定相关政策，推动落实新发展格局构建的重点任务，有着非常重要的现实意义。

一、适应我国经济发展阶段性变化的主动选择

正确认识所处的发展阶段，是我们党制定路线方针政策的基本依据，也

是我们党领导人民在推进民族复兴进程中不断取得成绩的重要经验。2020 年全面小康的目标顺利完成，从"十四五"开始，我们党带领人民踏上全面建设社会主义现代化国家的新征程，这表明我们进入了一个新的发展阶段。进入新发展阶段，我国的发展环境、发展条件和之前相比都发生了很大的变化，这就要求我们对发展经济的方式也必须作出改变。从 1949 年新中国成立到今天，如果从经济循环的角度来看，大致可以划分为以下三个发展阶段。

第一个阶段是从 1949 年到 1978 年，这一阶段我国经济主要以国内大循环为主。

新中国成立之初，我国面临的国际环境是非常严峻的。以美国为首的西方国家对中国虎视眈眈，表现在经济上就是对中国实施严厉封锁，反对中国的对外贸易。在新中国成立前的一个月，也就是 1949 年 9 月，美国发表了关于和中国关系白皮书，明确指出美国要坚持敌视新中国的政策。新中国成立一个月后，在美国的策划下，西方十七个发达工业国家秘密成立了"输出管制统筹委员会"，因其总部设在巴黎，后又被称为"巴黎统筹委员会"。这个委员会成立的宗旨是对社会主义国家实行禁运，也就是限制其成员国向社会主义国家出口战略物资和高新技术，新中国也在禁运之列。1950 年朝鲜战争爆发后，美国对中国实行了全面禁运。朝鲜战争结束后，美国又联合其他国家对中国实施全面封锁，从经济上企图扼杀新中国的政权。之后，我国在很长一段时间遭到西方国家的严厉封锁，当时包括战略物资，甚至就算普通的贸易也受到了西方国家限制。中国和西方国家的进出口贸易，1950 年为 14.9 亿元，1951 年降至 2.9 亿元。除了瑞典、丹麦、芬兰外，大部分西方国家追随美国，完全中断了和新中国的直接贸易关系。在这种特殊的背景下，新中国采取了"一边倒"的外交政策，对外贸易政策采取优先与苏联东欧社会主义国家进行贸易往来。

我们通常讲，改革开放前的二十九年，新中国采取的是"闭关锁国"的政策，也就是关起门来搞建设。事实上回顾历史可见，这段时期我们并不是绝对的没有对外贸易，我们和苏联东欧社会主义国家是有贸易往来的。因此严格意义上讲，当时我们也有国际循环，也是双循环，只是国际循环的比例很小。尤其是 20 世纪 50 年代末，中苏关系恶化后贸易往来更少，中国的经济循环基本上都是在国内市场。到改革开放初期，我国货物进出口占全球份额只有 0.8%，居全球货物贸易第二十九位；对世界经济增长的贡献率只有 2.3%，对世界经济增长拉动也只有 0.1%。当然在这里我们必须要强调的是，新中国的前三十年，我国采取的主要以国内大循环为主体的发展战略，并不是我们主动选择，某种意义上讲是西方国家拿着一把大锁从外面把我国锁住了，国内大循环是在当时处于外部经济封锁状态下中国的被动选择。

第二个阶段是从 1978 年到 2008 年，这一阶段我国经济主要以国际大循环为主。

1976 年文化大革命结束时，满目疮痍，政治混乱、经济停滞是当时中国的真实写照。从国际上看，20 世纪六七十年代，恰恰是第二次世界大战后许多资本主义国家经济快速发展的阶段，因此我国和发达国家相比，差距不仅没有缩小，反而还有所拉大。面对国内的困局和国际竞争的双重压力，我们必须要作出转变。1978 年 12 月召开的党的十一届三中全会，是一次具有划时代意义的大会，这次会议作出了实行改革开放的历史性决策。需要指出的是，我们作出对外开放的决定也并不是一厢情愿。和新中国成立初期相比，我们当时所面临的外部环境已经好转很多，西方国家和中国之间的关系已经开始缓和。比如，1971 年我国恢复了联合国的合法席位，1972 年美国总统尼克松访华，1979 年中美建交等。另外 20 世纪 70 年代末，经济全球化已见端倪，一些发达国家开始进入了产业升级时代，迫切需要把一些技术含量低、劳动耗费多的低端产业转移出来，这个时候我们提出对外开放，正好不谋而合。

1978 年原国家经贸委组织考察团到香港和澳门考察，回国后在撰写的报告中指出，香港、澳门的土地和劳动力价格都很高。如果能在靠近香港的宝安（后来的深圳）和靠近澳门的珠海建立对外加工基地，这样一方面可以发挥内地土地和劳动力的比较优势，另一方面可以利用港澳的资金和技术优势，可谓一举两得，这个建议和中央领导人的想法不谋而合。1978 年秋季，邓小平同志访问新加坡回国后，在一次讲话中曾经指出，新加坡利用外资得到了许多好处，比如说国家可以得到税收、工人可以得到工资收入，另外外国人在新加坡投资建厂，还可以带动新加坡服务业的发展等。在这个背景下，广东省在 70 年代末开始着手研究宝安和珠海的建设问题。与此同时，香港招商局建议在蛇口建立工业区，发展对外加工装配业务。1979 年 7 月，中国第一个出口加工区——蛇口工业区破土动工。之后，广东的深圳、珠海、汕头和福建的厦门陆续试办出口特区，发展加工出口贸易。东亚新兴经济体当年也曾经采用加工出口贸易带动本国经济的发展，它们大多数采取的形式是"进料加工"。但是 20 世纪 70 年代末的中国，原材料、人力资本缺乏，技术装备落后，所以 80 年代初的珠三角地区大多选择"来料加工"。也就是外商提供原材料、零部件，如果需要还可以提供设备，加工单位按要求加工装配，最后成品由外商销售，本土加工企业只赚取微薄的加工费。这种状况差不多持续到90年代初，"进料加工"的比重才开始逐渐超过"来料加工"。

1987年11月，原国家计委经济研究所副研究员王建发表文章，将当时"两头在外"的加工出口战略，形象地概括为国际大循环。王建在文章中详细阐述了该战略，分析了我国利用比较优势发展外向型经济、解决国内经济结构矛盾等实践，提出了沿海和内地争市场、争原料矛盾的解决办法，为我国制定宏观政策提供了理论依据。1988年3月，李鹏同志在七届全国人大一次会议所作的政府工作报告中，正式提出"两头在外、大进大出"的沿海地区经济发展战略。因为这种战略的特点是原材料、销售市场都在国外，国内仅负责生产加工，因此也被称作"两头在外、大进大出"的沿海地区出口导向战略。

当时中国发挥比较优势，利用这种低成本出口战略积极参与国际大循环，顺利地融入全球经济，走上了一条快速追赶的道路。但是伴随着我国经济的快速发展，这种发展模式也给我们带来很多问题。我们在前面的内容也曾经谈到，在全球产业链分工中，中国企业处于利润最低的加工组装环节，丰厚的利润被两头的研发和销售拿走了。当源源不断的物美价廉的"中国制造"走向全世界的同时，留给我们自己的资源环境等问题，却严重制约着我国经济的持续健康发展。更令人气愤的是国际社会并不领情，它们认为中国之所以能在这么短的时间取得如此大的成就，是因为中国搭了经济全球化的便车。这些年我们也看到了，随着中国经济体量越来越大，我们遭到的贸易摩擦问题日趋严重。所以这种以"两头在外"参与国际大循环的发展模式必须作出转变。

事实上，我们党在1995年制订"九五"计划时就提出了转变经济增长方式，2007年党的十七大报告又提出转变经济发展方式。但是实事求是地讲，党的十八大之前，转变的效果不尽如人意。为什么呢？尽管从理论上大家都知道应该转型，但是在现实中，当我国的经济还在高速增长，当我国的对外贸易也在高速增长的时候，很多人既没有改革的压力，也没有改革的动力。任何事情的发生往往都有一个转折点，对于我们经济发展模式的转折点来讲，就是2008年爆发的国际金融危机，西方国家结束黄金增长期，经济进入深度调整期，对中国产品需求直线下降，之后传导到我国的实体经济上来，一夜之间，很多外向型企业没有订单了，这个时候才把我国多年经济发

展中存在的体制机制障碍全部暴露出来。我们痛定思痛，下决心改革，把产
业升级、启动内需作为我国经济改革的重中之重。调整的结果是，十年前中
国的进出口总量占 GDP 总量接近 2/3，现在是 1/3 左右。而在这 1/3 的总量
中，中美贸易占到 1/7。众所周知，近些年来美国和我国打贸易战，如果说十
多年前打起来的话，确实我们会非常吃力。但是现在经过调整，对我们的影
响相对要小得多。所以从这个意义来说，"两头在外、大进大出"的旧发展格
局，其实是从 2008 年国际金融危机之后就开始真正转变了。也就是说从十几
年前，中国已经从参与国际大循环为主向双循环战略转型了。

第三个阶段是以 2020 年中央提出新发展格局为起点，我国经济由"两头
在外"的发展格局向以国内大循环为主体、国内国际双循环相互促进的新发
展格局加快转变。

党的十八大以来，在以习近平同志为核心的党中央坚强领导下，我国经
济保持持续稳步增长。我们坚持精准扶贫，打赢了脱贫攻坚战，全面小康胜
利完成。2020 年我国人均 GDP 为 1.05 万美元，属于典型中等偏上收入国家。
国际社会一般认为人均 GDP 2 万美元是跨入初级富裕国家的门槛，2020 年我
国有 20 个城市的人均 GDP 超过 2 万美元（见图 5-1）。总体来看，我国已经
进入由中等偏上收入国家迈向高收入国家的阶段。长期以来短缺经济的状况
已发生根本转变，人民的需求已经从"有没有"转向"好不好"。

万美元

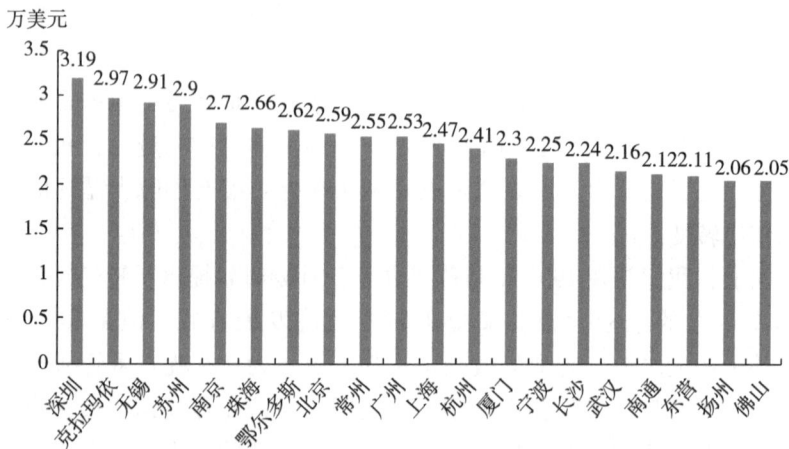

图 5-1　2020 年我国人均 GDP 超过 2 万美元的城市

改革开放之初，我国资金、技术缺乏但劳动力丰富，与发达经济体有很
强的互补性，通过"两头在外"参与国际大循环，可以发挥比较优势进而带
动我们的国内循环。近年来由于人口老龄化加快等原因，我国劳动力供给逐

渐减少。我国劳动力总数占世界的比重从 1990 年的 27.6% 下降为 2020 年的 22.9%，劳动力成本也随之较快上升。数据显示，我国私营制造业部门年均工资，从 2009 年的 17260 元上涨到 2019 年的 49275 元，而 2019 年越南制造业年平均工资才相当于我们十年前的水平，仅 18000 元。虽然中西部地区和东南沿海相比综合成本更低，但是受国内日益严峻的资源环境约束影响，中西部地区承接沿海地区产业转移仍有一定的难度。2018 年中美贸易摩擦爆发后，一些跨国企业开始向东南亚等劳动力成本比较低的国家转移产能，国内也有一部分民企开始向低成本国家转移劳动密集型产业。

此外，我国的投资率、全要素生产率等已经发生了很大的变化。数据显示，2010 年国民储蓄率为 50.7%，到 2019 年已经下降至 44.6%（见图 5-2），给投资增长带来了较大的压力。从消费上看，传统商品消费热点渐渐退潮，但新的消费热点还有待培育。从全要素生产率来看，由于技术引进空间逐渐变小等原因，全要素生产率的年均增长率也呈现出逐渐下降趋势。总体来讲这些变化最终使得我国的潜在增长率下降，过去偏重低成本出口战略参与国际大循环的旧发展格局越来越难以为继，迫切需要构建新发展格局，加快实施扩大内需战略，畅通国内大循环，以重塑我国的竞争优势。

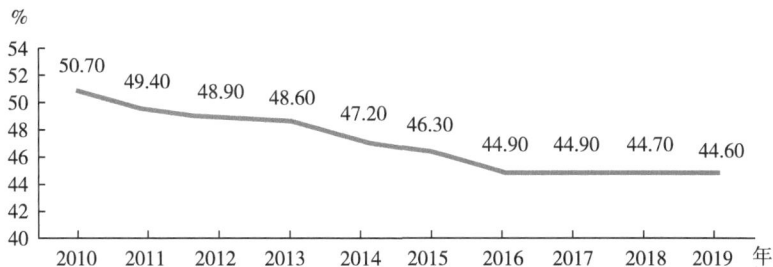

图 5-2　2010—2019 年我国国民储蓄率走势

二、应对错综复杂国际环境变化的战略举措

当今世界正经历百年未有之大变局，地缘政治因素错综复杂，大国博弈日益加剧，国际政治经济格局加速演化。伴随着新一轮科技革命兴起，全球科技竞争日趋激烈，西方国家政策内顾倾向加重，贸易保护主义有所抬头，经济全球化遭遇逆流，国际治理体系加速重构，外部经济政治因素的风险显著上升。在此背景下，必须加快构建新发展格局，畅通国内大循环，提升我国经济发展质量，进一步增强我国的综合国力。

（一）国际力量对比深刻调整，全球治理体系受到严重冲击

世界百年未有之大变局中，主要国家间的力量对比是最关键的变量，而衡量国家力量最常用的指标就是经济实力。20世纪初，世界经济的主要力量是欧美发达国家，发展中国家和它们之间的差距非常大。第二次世界大战结束之后，伴随着广大亚非拉国家的民族独立，以美国为首的西方国家主导形成了全球治理的基本框架，即以联合国为核心的国际安全制度、以世界银行和国际货币基金组织为核心的国际货币金融制度、以世界贸易组织为核心的国际贸易制度。这个体系经过第二次世界大战后几十年的不断发展，对全球和平以及世界经济发展奠定了一个非常重要的制度基础。但是随着时代的变迁，原来全球治理体系的不合理性逐渐显现。

20世纪90年代以来，一批新兴市场和发展中国家快速崛起，世界格局呈现出"东升西降"的趋势。这些国家在发展起来之后，对全球经济、气候变化、反恐、削减贫困等方面的贡献逐渐增大。比如，近年来这些国家经济总量占世界经济的比重达40%左右，对世界经济增长的贡献率超过80%，也就是说增量部分只有20%的贡献来自发达经济体；仅金砖五国，近年来对世界经济增长的贡献就超过了50%。随着国际力量对比的日渐改变，发展起来的新兴市场和发展中国家，迫切希望改变原有的不合理的国际治理体系。以国际货币基金组织投票权比例为例，众所周知投票权就是决策权。美国占国际货币基金组织投票权的16.52%，这就意味着在重大事项决议中，美国拥有一票否决权。因为《国际货币基金组织协定》规定，重大事项需要85%以上的特别多数票决定。其他发达国家，如日本、德国、英国、法国的投票权分别为6.15%、5.32%、4.03%、4.03%。金砖五国即中国（6.09%）、印度（2.64%）、俄罗斯（2.59%）、巴西（2.22%）和南非（0.64%）在国际货币基金组织中的投票权合计才14.18%（见图5-3），比美国一个国家还要低2.34个百分点。这个投票权的比例还是2008年国际金融危机爆发之后，国际货币基金组织份额改革之后的结果。改革之前，中国的投票权处于第六位，占3.65%（见图5-4），美国占16.74%、日本占6.01%、德国占5.87%、法国占4.85%、英国占4.85%。此外，这次改革协议本来是在2010年11月的G20首尔峰会上达成的，但是之后美国国会屡屡阻挠，致使协议迟迟不能推行，直到五年后的2015年12月18日，美国国会才批准，可见非常艰难。

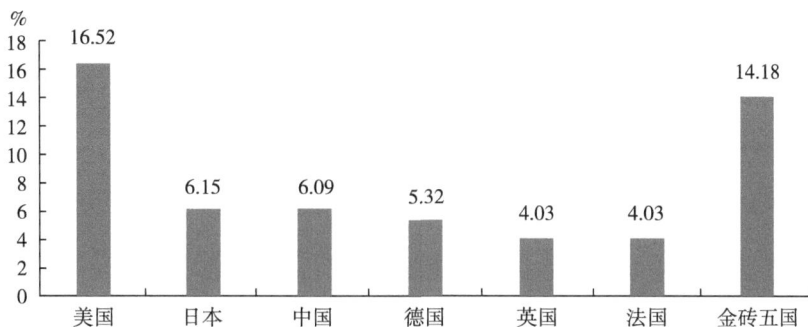

图 5-3　主要国家在 IMF 投票权（改革后）

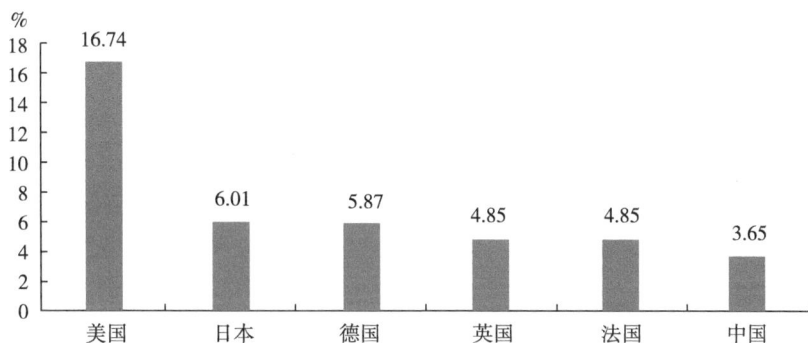

图 5-4　主要国家在 IMF 投票权（改革前）

　　除此之外，以美国为首的西方发达国家对这些国际组织的规则进行针对性改革，全球治理体系受到了严重的冲击。以促进全球经济和贸易发展的WTO（世界贸易组织）为例。改革开放以来特别是加入 WTO 以来，我国经济发展速度迅猛，经济实力和综合国力不断增强。近年来，美、日、欧等发达经济体在遏制中国发展方面立场基本一致。它们认为中国的快速发展是搭了发达国家的便车，因此不断推动 WTO 改革，意在制定一套新的规则，以遏制我国的创新发展，防止中国发展模式的影响力进一步扩大。由于在各成员国中没有达成可以使美国满意的协议，美国采取阻挠大法官任命的方式，最终使得 WTO 上诉机构停摆。我们知道，为成员国调节贸易纠纷是 WTO 最重要的功能之一，WTO 上诉机构是解决国际贸易争端的"最高法院"。上诉机构常设法官 7 名，法官任期 4 年，审理每起案件至少 3 名法官。2014 年以来，老法官陆续离任，新法官又因为美国阻拦一直选不出来。2020 年 11 月30 日，随着最后一位法官赵宏（中国籍）任期届满、正式离任，WTO 上诉机构最终停摆。世界贸易组织谈判是一个非常艰难的过程，需要全体成员协商一致，短期内达成的可能性非常小，国际经济贸易的不确定性因素增大。而且在新规则制定的过程中，以美国为首的西方发达国家，也会想方设法设定不利于我国发展的条框。因此我们需要未雨绸缪、主动出击，转变发展思路，进一步提升我国经济的韧性。

（二）新一轮科技革命孕育兴起，全球科技竞争日趋白热化

当今世界，以 5G、大数据、人工智能、新材料、物联网等为代表的新一轮科技革命孕育兴起，人类的生产生活方式都可能会发生颠覆性变化。随着各国不断加速对 5G 技术的布局，数字化转型不断加速，人工智能、物联网等技术不断取得新的突破。世界经济论坛调查研究认为，2025 年前最有可能在与信息技术和互联网相关的领域出现技术引爆点，2030 年后有可能会大规模商业推广，这将对现有的产业模式和供给形态产生颠覆性影响。

历史经验表明，每一次科技革命都会改变世界发展的格局。凡是抓住科技革命机遇的国家，其经济、科技、军事实力会迅速增强，重大科技革新的发源国甚至会一跃成为全球权力中心。引领第一次科技革命的英国，在 18 世纪后期成为世界发展的领头羊；第二次、第三次科技革命，在重大的科学技术革新领域，美国都处于领航者地位，这也使得美国从第二次科技革命开始就占据了世界第一的位置。在前三次科技革命的过程中，英国、美国、德国、日本等国先后崛起。由于历史原因，我国错过第一次和第二次科技革命。新中国成立之后，特别是改革开放后我国用几十年的时间走完了发达国家几百年的历程，科技创新能力大幅跃升，一些重要领域跻身世界前列。但是实事求是地讲，不少关键核心技术依然受制于人，科技创新能力总体上依然处于外围地位。当前国家之间的竞争说到底就是科技竞争，因此抓住第四次科技革命的重大机遇，对于我国综合国力的提升意义重大。

新一轮科技革命背景下，世界各国都奋力争夺技术高地，处于技术领先地位的发达国家也都出台了相关政策，鼓励支持技术研发，以提升国家的创新能力。比如，2021 年 5 月，美国通过《无尽前沿法案》（*Endless Frontier Act*，EFA），采取以下几个措施以维持其在尖端科技领域的绝对优势。一是完善组织架构，在国家科学基金会增设技术局，用来加强对技术研发的组织支持。二是增加科研投入，美国计划对人工智能、半导体、先进通信等 10 个关键技术领域，未来五年给予 1000 亿美元的资助。三是创设区域技术中心，计划投资 100 亿美元，打造全球技术研发中心。除了用于鼓励支持技术研发之外，EFA 针对中国等国家的竞争意图也非常明显。EFA 的支持者认为，美国

科研创新的最大威胁就是中国，制定的多项条款均旨在防堵中国在信息方面对美国的渗透和影响。比如，规定只要是中国项目资助的研究人员，不允许担任联邦新研究项目的主要研究员，也就是说，凡是与中国研究项目有关系的研究人员，最终会被美国科研项目严格排斥。

在"更加关注安全"的新型共识下，发达国家科技主权意识明显增强，采取多项措施保护其本土的技术优势。以美国为例，当前美国已经将中国定位为战略竞争者，在中美博弈中，科技领域是最终的主战场。2018 年以来，美国商务部以"威胁国家安全"为由，将中国的高科技企业以及涉及军工、大数据、航空航天等领域的学校和科研院所列入其"实体清单"，目前已超过 600 家中国科技企业和相关机构被列入该清单。这个意图非常明确，就是通过阻断双方交流来遏制中国高科技的发展。美国还以"减少情报被盗窃行为"为借口，限制正常的人员交流。特朗普执政以来，对中国留学生的签证日益严苛，特别是针对在中国"军民融合"单位学习、工作过的人员，具体包括大数据、5G、航空航天、半导体等专业领域，禁止前往美国进行学科深造或科学研究交流。除此之外，美国还不断修改相关条例，加大出口管制力度，严控机器人、量子信息等领域的产品和技术出口。同时，阻挠荷兰阿斯麦公司向我国出口光刻机，企图从产业链上下游对我国釜底抽薪。

（三）经济全球化遭遇逆流，国际分工格局面临重塑

2008 年国际金融危机之后，国际大循环动能弱化，世界经济陷入持续低迷，经济全球化遭遇逆流。发达国家重新审视过去的"去工业化"战略，开始鼓励本国制造业回流，吹响"再工业化"的政策号角。当前，新一轮科技革命、国际贸易摩擦升级以及发达国家的"再工业化"，叠加新冠疫情催化形成了"更加关注安全"的共识，推动全球产业链开始新一轮调整。回顾历史，从 18 世纪第一次工业革命至今，全球经历过多次产业大转移。

19 世纪下半叶，英国因为国内用工成本的增加，逐渐将其国内产业向外转移，开启了全球第一次产业大转移。美国成功地抓住了机遇，成为这次产业转移的主要承接国。在推动制造业发展的过程中，美国高度重视创新，20 世纪初，美国研发支出占国民收入的比重已经高达 2.5%，而同一时期的英国才只有 2%。当时的美国，伟大企业和伟大发明所闪动的耀眼光芒，令全世界瞩目。福特汽车开启了人类的汽车时代、人造塑胶和不锈钢对制造业完成了重塑、电气化和电话让美国的基础设施得到全面升级。到 20 世纪 20 年代，美国制造业登上了世界之巅，为其成为世界霸主奠定了基础。

第二次世界大战结束之后，第三次工业革命爆发，发达国家面临着产业升级的迫切需求，美国和欧洲一些国家将传统制造业逐渐向外转移。日本在这一时期确立了贸易立国的战略规划，利用其劳动力低成本优势，主动承接了美国转移出的钢铁、纺织等产业。同时朝鲜战争爆发后为美国提供战争物资的"特需经济"又加快了日本承接产业的进程。到1952年底，日本国民生产总值就恢复到战前的最高水平。第二次产业转移，推动日本迅速崛起成为世界经济强国。

日本在承接美国产业转移的过程中，也高度重视技术创新。到20世纪70年代，其集成电路和电器工业技术取得了重大突破，日本的高科技产品竞争力大幅提升。日本开始推动全球第三次产业大转移，将其出口导向的劳动密集型加工产业转向亚洲四小龙（新加坡、韩国、中国香港、中国台湾）。亚洲四小龙利用本地比较优势，及时调整发展战略，20世纪90年代已经发展成为继日本之后亚洲的发达地区。

20世纪80年代，在信息技术革命的推动下，发达国家开始了新一轮产业结构调整。全球第四次产业转移在大型国际跨国公司的主导下，劳动密集型产业从发达国家再次向发展中国家转移。这次全球产业大转移适逢中国刚刚开始实行改革开放，于是中国有力地抓住了这一机遇，利用成本比较优势，迅速融入全球产业链。改革开放之初，中国职工平均年工资只有615元，而同一时期美国的平均工资是中国的41倍，韩国是中国的15倍。尽管20世纪90年代后，中国制造业劳动力成本逐渐上升，但是和美国、韩国等发达国家相比，我国劳动力成本依然具有绝对优势。这一时期，为了更好承接国际产业转移，国家出台了很多区域产业政策，推动制造业不断积聚形成了产业集群（见表5-1）。产业集群式发展又促进了生产规模的快速扩张，最终集聚效应叠加规模效应使得综合成本又进一步降低，给中国带来了更大的竞争优势。2005年中国制造业规模超过德国，2008年超过日本，2010年中国超过美国成为世界第一制造业大国。

目前，中国是世界上唯一拥有全部工业门类的国家，在全球500多种主要工业品中，中国有200多种产品产量位居世界第一。同时中国的制造业也从过去的低端产品向中高端产品提升。如今我国生产的汽车、集成电路等中高端产品的产量占全球份额已超过1/3。2019年，中国生产的计算机、智能手机产量均位居世界第一，占全球总产量份额超过90%。在第四次全球产业转移中，随着中国制造业在全球份额的不断提升，中国在全球制造业供应链中承担了枢纽作用，最终形成了"欧美研发—中国制造—欧美消费"的国际大循环形式。

表 5-1　中国具有代表性的制造业集群

序号	中国产业集群形成模式	代表集群
1	依靠外部市场力量形成	福建省晋江市制鞋产业集群 广东省佛山市南海区西樵镇纺织产业集群 广东省佛山市陶瓷产业集群
2	配套大型企业形成	长三角汽车产业基地 武汉市汽车产业基地
3	依靠当地资源禀赋形成	江苏省邳州市木材加工产业集群 河南省漯河市食品加工产业集群
4	通过政府规划引领形成	贵州省贵阳市大数据产业集群 上海市临港区产业园
5	依靠引进外资基础上形成	广东珠江东岸电子信息产业基地 广东珠江西岸家电产业基地
6	依靠历史传统产业形成	福建省泉州市德化县陶瓷产业集群
7	依靠科技人员的创业形成	北京市中关村科技园区
8	依靠当地企业家发展起来形成	浙江省温州市打火机产业集群 广东省中山市小榄镇五金产业基地

2008 年国际金融危机之后，经济全球化遭遇逆流，全球产业链开始新一轮调整。前四轮产业转移基于"效率原则"，制造业从高成本国家转向低成本国家。第五轮产业转移是在"更加关注安全"的共识下开启的，产业转移呈现"双向调整"的特点，即高端制造业向发达国家回流、低端制造业向更低成本国家转移。这样的一种转移态势将推进形成新型区域供需网络，改变原有国际循环模式，中国参与全球分工也将面临新挑战。

2008 年国际金融危机爆发后，发达国家重新审视过去的"去工业化"战略，开始鼓励资本和制造业回流，以促进本国产业复苏和增加就业。美国提出"再工业化"战略，德国提出"工业 4.0"计划，主要发达国家吹响"再工业化"号角，开启了制造业的争夺战。发达国家这次"再工业化"的核心是以高新技术为依托，推动现代制造业和先进制造技术的发展，从而使其重新拥有强大竞争力的工业体系。以美国为例，2009 年 12 月，《重振美国制造业框架》出台，标志着美国开启了"再工业化"的进程。为鼓励美国企业尽快回流，美国政府甚至出台相关政策，为美企回流的费用埋单。美国制造业在规模上位列世界第二，仅次于中国。除了规模上处于领先地位外，美国制造业在质量上更具有绝对优势。当前世界制造 500 强中，美国上榜企业 136 家，位居世界第二，仅次于中国（145 家），排名前十的有 5 家是美国企业。500 强中有 102 家企业营收超过 1000 亿美元，其中美国企业为 38 家，占比高达 37%。得益于其雄厚的科技实力，美国"再工业化"战略一方面重振传统制造业，通过引入自动化技术，弥补其在人工和土地等方面成本过高的劣势，对传统产业进行转型升级。另一方面还重点布局了高端制造业，美国启动了国家制造业创新计划，在重点技术领域建设制造业创新中心，以加快人工智能、物联网、云计算等前沿技术的研发和培育。

第五轮产业转移的另一个特点是低端产业向更低成本国家转移。随着我国"成本洼地"的比较优势不断减少，成本敏感性国际代工企业开始向越南、泰国、印度等国家转移。特别是随着近年来国际贸易摩擦的升级，对企业造成了较大的冲击，部分企业为摆脱加征关税的掣肘，选择外迁以分散企业风险的意愿较强（见表 5-2）。与此同时，越南、印度、泰国等发展中国家也积极拥抱产业转移，全力承接外迁的产业。越南人口接近 1 亿，劳动力成本低，国内政治稳定，在过去的十多年经济增长速度较快，国内基础设施也得到了不断改善。为承接产业转移，该国政府出台了很多对投资者有利的政策，这些有利条件对国际投资吸引力很大。数据显示，近年来韩国是越南最大的投资国，其投资占外国直接投资总额近五分之一，其次是中国香港地区和日本。作为亚洲第三大经济体，印度政府近年来多次明确表示，希望借助美国的力量提高其在全球供应链的作用。为吸引国际资本，印度通过多种渠道同 1000 多家在华公司进行了联系，明确开出了非常优惠的条件，以吸引这些企业迁入印度市场。

表 5-2 部分企业外迁案例

企业	撤出时间	撤出地点	拟迁入地
微软公司	2014 年	东莞市、北京市	越南
西铁城公司	2015 年	广州市	部分迁入泰国
希捷科技	2017 年	苏州市	扩大泰国工厂规模
三星电子	2018 年	深圳市、天津市	印度和越南
日东电工	2018 年	苏州市	越南
奥林巴斯	2018 年	深圳市	越南
精工爱普生	2021 年	深圳市	泰国

总之，第五轮产业转移呈现出"双向调整"的态势。特别是 2020 年新冠疫情暴发后，全球人员、货物跨境流动受阻，对全球产业链、供应链的冲击很大。发达国家利用疫情夸大原有国际循环模式的脆弱性，各国开始将供应链的安全

性摆在更加重要的位置，供应链、产业链"去中国化"获得不少国际共鸣。在全球产业链布局要更加体现安全的新型逻辑下，跨洲供应链将逐渐减少，全球企业在区域层面集聚并进行分工合作，在每个洲形成较为完整的产业体系和高中低梯度的产业集群。以美洲为例，近年来美国政府鼓励本国企业业务外包时要优先考虑邻国或者邻近地区。为尽快实现这一目标，美国积极促进与墨西哥、加拿大的谈判。2020 年 7 月 1 日，被普遍认为是"北美自贸协定 2.0"的《美墨加协议》正式生效，进一步强化了北美自由贸易区的格局。未来国际大循环的整体架构将由典型的垂直分工合作向既有水平分工、又有垂直整合生产关系的方向发展。世界将形成基于美洲、欧洲、亚洲三大区域新型价值链合作方式的"区域板块化"格局。国际大循环模式的改变，意味着中国参与全球化的方式将会发生深刻的变化。

第十三讲　构建新发展格局的主要优势

尽管经济全球化的趋势不可逆转，但是近年来受多重因素影响，全球不确定性因素增多，经济领域逆全球化思潮日益显现。在更加关注安全原则的新型共识下，世界各国开始将发展的关注点转向经济内循环。但是对于很多国家尤其是一些小国来讲，受人口少、经济体量小、制造业门类有限等因素的限制，国内形不成完整的产业链、供应链，因此没有这种经济内循环的能力和底气。对于我国来讲，经过改革开放四十多年的发展，我国经济快速成长，形成超大规模经济体。另外雄厚的要素条件、比较完善的市场经济体制、更高水平的对外开放，特别是党的领导的政治优势，为我国构建新发展格局提供了强大的物质基础和制度保障。

一、完善高效的生产优势

经过新中国成立七十多年、特别是改革开放四十多年的发展，我国从新中国成立之初典型的农业国跃升为如今全球第一制造业大国，建成门类齐全、配套完善、规模宏大的产业体系。如今，中国是世界上唯一拥有联合国认证的所有工业门类的国家。在现代工业体系中，联合国将所有工业分为 41 个大类、207 个中类、666 个小类，我国大中小工业门类全部覆盖，也就是说联合国所列举的全部工业门类在中国都能找到。中国是全球工业体系完整度最高的国家，美国位居第二，其工业体系完整度大约在 94%，之后是俄罗斯、欧盟、日本。对于一个国家来讲，工业体系越完备，意味着经济韧性越强，在国际竞争中抵御风险的能力也越强。比如，2020年新冠疫情突然暴发，全球供应链受到严重影响，在完善的工业体系支撑下，中国迅速调整生产布局，稳了全球市场供应，展现出强大的经济韧性。完善的工业体系还能减少配套生产成本，比如，完成一项产品的配套工作，在中国可能通过半个小时电话沟通就能搞定，但是到其他国家有可能半个月才能解决，这可以大大增强我国产品在国际竞争中的优势。

除了完善的工业体系，我国工业规模也非常庞大。工业是经济的压舱石，2022年，我国工业增加值首次突破40万亿元大关，占经济总量的比重接近1/3。制造业是体现一个国家核心竞争力的主要指标，世界各国包括美国这样的世界强国都在积极推动制造业回流。我国是世界制造业超级大国，从2010年起至今，我国制造业规模已经连续十几年稳居世界第一，制造业规模优势不断巩固，在全球制造业中的地位也不断上升。2021年我国经济总量占世界比重还不到20%，但是制造业增加值占世界比重已接近30%（29.75%）（见图5-5）。在全球500多种工业品中，中国有四成以上产品产量位居第一，可以说世界上很多国家都离不开中国制造。党的十八大以来，我国出台了一系列政策措施，如"中国制造2025"等，积极推动产业转型升级，制造业质量不断提升。2020年《财富》世界500强名单中，我国上榜企业数量首次超过美国成为世界第一，共有133家企业上榜。2022年这一数字增加到145家（见图5-6），中国蝉联第一。上榜145家企业的营收占500家上榜企业总营收的31%，第一次超过美国（30%）。在上榜的145家企业中，其中65家是制造业。近年来，我国高技术制造业、装备制造业占规模以上工业增加值的比重连续上升，2022年分别达到15.5%、31.8%。光伏产量、新能源汽车连续多年稳居世界第一。

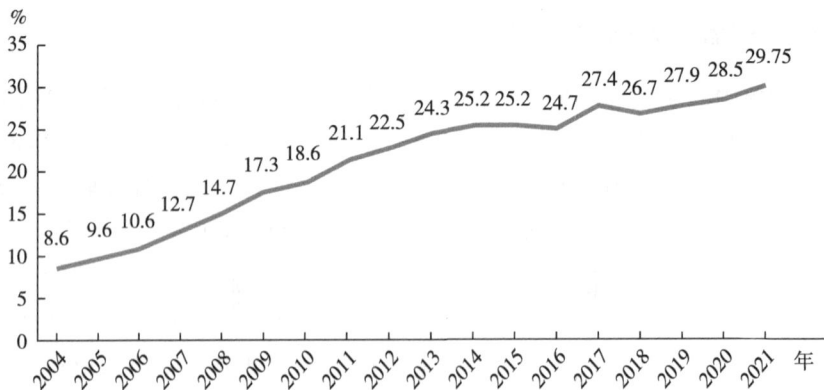

图5-5 中国制造业增加值占世界比重

家

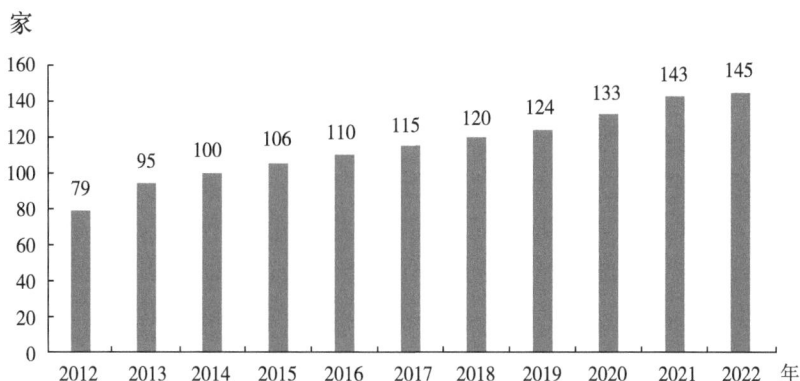

图 5-6　世界 500 强中国企业上榜数量

进入新时代以来，我国加快推进产业转型升级，制造业供给的质量和档次全面提升，中国制造向中国创造迈进的步伐明显加快。一是用新技术对传统产业改造升级。近年来，我国发布了智能制造标准体系，加快推进数字工厂建设，实施智能制造示范项目，深化制造业和大数据、人工智能的融合发展，通过对传统制造业的智能化升级，推动制造业向高端化迈进。2022年，我国重点企业数控化率达到 56.3%，比 2012 年提高了 31.7 个百分点。当前我国智能制造应用领域规模全球领先，传统产业中钢铁、建材等行业已经拥有一批智能化水平领先全球的企业。二是加快前沿技术研发，推动高端装备制造业不断壮大。高端装备制造业是指技术含量和附加值双高的装备产品制造业，是制造业的脊梁，也是推动一个国家经济增长的重要力量。近年来，我国高度重视发展高端装备制造业，通过努力攻克关键核心技术、持续补齐供应链短板，推动装备制造业快速发展。当前我国高端装备制造业发展势头良好，在航空航天、轨道交通、高端数控机床、新能源等领域均实现创新突破。三是实施绿色制造工程，推动制造业绿色化转型。党的十八大以来，我国积极制定绿色发展行业标准，大力推行绿色设计、创建绿色工厂、推广绿色产品，同时对化工、电子、食品、纺织等重点行业进行绿色改造，通过持续努力，绿色制造体系已初步形成。

党的十八大以来，我国政府着力深化放管服改革，深入推进商事制度改革，持续深化营商环境，各类市场主体快速发展，活力和实力不断增强。市场主体数量从 2012 年的 5500 万户增加到 2022 年的 1.69 亿户，十年时间增长了两倍还多。2022 年，我国平均每天新增 2.38 万户企业。在各类市场主体中，中小企业是数量最大、最具活力的企业群体。中小企业联系千家万户，是促进就业、稳定社会、发展经济的重要力量。业界常用"五六七八九"来形象描述中小企业的特征，即贡献了 50% 以上的税收、60% 以上的 GDP、70% 以上的技术创新、80% 以上的就业、90% 以上的企业数量，这些数字生动体现了中小企业的重要性。近年来，国家出台多项政策服务中小企业，帮助中小企业平稳健康发展。截至 2022 年底，中小企业数量已经超过 5200 万户，其中 7 万多家"专精特新"、8997 家专精特新"小巨人"企业脱颖而出，中小企业专业化能力显著提升。伴随着市场主体的不断发展壮大，蕴藏在其中的生产、服务、技术等能力，将为构建新发展格局提供最可靠的战略资源。

二、超大规模的市场优势

超大规模市场资源的巨大优势，为我国构建新发展格局提供了强有力的支撑。从经济学角度看，一个经济体是否具有超大规模性，至少要从人口规模、国土面积和经济规模三个方面来考量。对于中国来讲，世界第一人口大国、陆地国土面积世界第三、经济总量世界第二，三个因素叠加耦合，形成的中国经济超大规模性，使得我国构建新发展格局的条件和基础日益完善。这三个因素中，人口多、疆域大只是超大规模市场的两大基础条件，并不意味着符合这两个条件的国家都具有超大规模市场。比如，印度完全符合这两个条件，但不能说它现在具有超大规模市场。再比如，我国在改革开放前连市场都没有，也就更谈不上超大规模市场。所以说，没有改革开放后四十多年高速发展形成的强大经济实力，仅仅靠人口多、疆域大，我国也发挥不出超大规模的市场优势。

我国是世界第一人口大国，人口总量超过 14 亿。随着我国经济的稳步增长、人均可支配收入的不断增加，14 亿人的消费市场释放出强大的消费动能。改革开放以来，我国社会消费品零售总额稳步增长，2022 年，我国社会消费品零售总额达到 43.97 万亿元。当前我国消费品市场规模稳居世界第二，连续多年成为拉动我国经济增长的第一动力。我国是汽车、手机等上千种产品的世界第一消费市场。以汽车为例，我国汽车销量已连续 14 年蝉联全球第一，2022 年中国市场共销售了 2686.37 万辆汽车，是唯一一个销量超过 2000 万辆的国家，占全球销量的 33%。此外，我国拥有全球规模最大、最具成长性的中等收入群体，当前大约为 4 亿人且规模持续扩大。他们是最具有消费能力的群体，随着他们个性化、品质化的消费升级，未来我国消费市场发展潜力巨大。

我国陆地国土面积 960 万平方公里，居世界第三。排在世界第一、第二的分别是俄罗斯和加拿大，美国国土面积和我国接近。我国幅员辽阔，由于各地资源禀赋差异以及历史原因，地区之间、城乡之间不平衡不充分的问题仍然十分突出。但这同时也意味着，我国在加快实施区域协调发展战略、乡村振兴战略的过程中，发展的空间和潜力还很大。比如，中西部地区的基础设施建设、民生等领域还存在不少短板，在这些地方扩大有效投资还有很大的市场。此外，中西部地区在承接产业梯度转移的过程中，可以逐步实现大国雁阵式发展和地区平衡发展，使得我国经济发展新旧动能平稳替代。目前，都市圈和城市群是一个国家参与国际竞争的基本单元。当前占国土面积 11%、人口 40% 的长三角、珠三角、京津冀、成渝、长江中下游五大城市群的经济总量占全国的 55%。其中长三角、珠三角等城市群已经具有较强的国际竞争力。未来随着我国现代化的推进，还会诞生更多的具有国际竞争力的城市群和都市圈。它们将会成为我国经济发展的巨大引擎和发挥国际影响力的超大空间依托。总之超大规模的国土面积为我国经济发展提供了较强的韧性和较大的回旋空间。

三、雄厚充裕的要素优势

劳动力资源是经济发展的重要支撑。尽管近两年我国人口出现负增长，但是中国仍然是人口和劳动力最多的发展中国家。国家统计局数据显示，我国 16~59 岁的劳动年龄人口总量在 2012 年达到 9.2 亿的峰值后开始下降，到 2022 年末为 8.76 亿，劳动力资源绝对量依然庞大。如果从结构上看的话，劳动年龄人口减少，主要是大龄劳动力数量减少较快，青年劳动力供给依然在持续增加。同时我国劳动力素质显著提高，高中及以上受教育程度的劳动力人口占比为 44.26%，受过高等教育的劳动力人口占比达到 24.32%，科技人力资源的总量也接近 1 亿人。此外，随着我国经济的快速发展，医疗保障水平也在不断提升，人口预期寿命不断延长，劳动者的健康水平也日益改善。数量的绝对优势、文化素质的提升、健康水平的提高，显示我国劳动力资源无论是总量还是质量都有巨大的优势。我国人口红利依然存在，为引领国内大循环提供了强大的人才支撑。

从资金供给来看，我国当前资金整体供给充裕。一是经过改革开放四十多年的发展，我国银行业已由单一银行体系发展成为多元化的金融机构体系，发展的速度与质量均位于全球前列，目前已经形成世界上最大的银行体系。二是中国已经成为全球第二大债券市场，境外机构近几年持有我国债券年均增速约为 30%，目前持有量达到 3.3 万亿元人民币。三是中国目前是全球第二大保险市场，行业总资产接近 27 万亿元。四是我国外汇储备规模已经连续十八年稳居世界第一，截至 2023 年末余额为 3.24 万亿美元。由此可见我国日益强大的资本市场以及外汇储备为国内大循环提供了丰富的资本支持。

交通是基础性、引领性产业，是强国之要、兴国之基。新中国成立之初，我国没有一条高速公路，只有两万公里的铁路里程和 12 条民航航线。经过新中国成立七十多年、特别是改革开放四十多年的建设，我国建成了以"十纵十横"为骨干、综合交通枢纽为支点，由公路、铁路、航空、水路等多种运输方式组成的综合交通运输体系。今天的中国，已建成全球最大的高速公路网、最大的高速铁路网以及世界级港口群，基础设施网络日益完善，运输服务能力显著提升，人民群众出行更加便捷。截至 2022 年底，我国综合交通运输网络总里程超过 600 万公里。铁路路网纵横延伸，营业总里程达 15.5 万公里，较新中国成立之初增长了六倍多，其中高铁营业总里程 4.2 万公里，居世界第一；公路路网四通八达，通车里程 535 万公里，是新中国成立之初的 67 倍，其中高速公路通车里程 17.7 万公里，居世界第一；民航面貌焕然一新，民航机场达 254 个，高居世界前列，定期航班航线近 5000 条，是新中国成立之初的 400 多倍；全国港口拥有生产性码头泊位 2.4 万个，内河航道通航里程近 13 万公里；全国农村公路里程超过 400 万公里，具备条件的乡镇和建制村 100% 通硬化路，村村通客车。与此同时，近年来以互联网、人工智能为代表的新基建快速发展，与传统基建一道发力，形成了新老基建深度融合发展的新格局。纵横成网、互联互通的基础设施网络体系，有力提升了供需对接效率，大幅降低了经济社会发展成本，极大增强了经济发展的韧性，为促进国内大循环提供了坚实的交通运输保障。

四、党的领导的政治优势

构建新发展格局最大的优势是党的坚强领导。从历史上看，我国一直是幅员辽阔、人口众多的国家，但是直到当今，我国的综合国力在国际上才有很强的竞争力。从经济方面来看，新中国成立七十多年来特别是改革开放以来我们取得的巨大成就、为构建新发展格局积累的丰厚优势，是党中央制定一系列正确的方针政策，并领导全国人民筚路蓝缕、埋头苦干的结果。

始终坚持以人民为中心的发展思想。在社会生产活动中，人是生产力诸要素中最宝贵、最活跃的要素，也是起决定性作用的要素。一个国家能不能成功推进现代化，取决于它是否能最大限度地发动全体人民共同参与。在旧中国，尽管我国是人口大国，但是由于大多数人文化程度低、身体素质差，再加上没有一个能凝聚人心的政党组织，因此人口众多并没有为国家发展带来多大的优势，反而成为发展的负担。新中国成立以后，我们党团结带领人民迅速完成对旧社会制度的根本变革，不断创造条件提升人民健康和文化水平，取得了举世瞩目的成就，使得巨大的人口负担变成了人口红利。新中国成立前，我国人均预期寿命仅35岁，婴儿死亡率为20%左右，全国80%以上人口不识字。2022年中国人均预期寿命为78.2岁，是新中国成立之初的两倍多；九年义务教育巩固率达到95.5%，高中阶段和高等教育的毛入学率分别达到91.6%和59.6%，超过了中高收入国家的平均水平。与此同时，我们党始终坚持发展为了人民、发展依靠人民的价值追求，在不同阶段采取不同的方针政策，最大限度地发动全国人民参与国家建设，团结带领全国人民一道拼、一起干，取得了巨大的成就，并始终坚持以人民为中心的发展思想，让发展的成果惠及全体人民。

注重统筹协同形成发展合力。不谋全局者不足以谋一域。自古以来，对于大国治理来讲，处理好"全局"和"一域"的关系至关重要。我国人口众多、疆域辽阔，各地区资源禀赋差异很大，区域发展不平衡是基本国情。1949年新中国成立后，如何协调区域发展是摆在领导人面前的重大课题。新中国成立之初，我国工业主要聚集在东北和东部地区。"一五"时期苏联援建的重大工程七成以上布局在北方，其中东北地区占了三分之一。20世纪60年代，党中央从备战需要出发，将重大项目布局到中西部地区，开展了大规模的"三线"建设，为中西部地区奠定了良好的工业基础。改革开放后，邓小平同志提出"两个大局"战略，设立经济特区，开放沿海城市，在政策上对东部地区倾斜，沿海地区快速发展起来，为全国经济发展奠定了坚实基础。20世纪90年代末，为缩小区域之间的差距，党中央全面实施区域发展总体战略，即东部地区率先发展、西部大开发、振兴东北老工业基地、中部崛起，有力地推动了我国区域协调发展。党的十八大以来，以习近平同志为核心的党中央根据内外部环境的变化和国家发展战略的需要，提出京津冀协同发展、雄安新区、粤港澳大湾区、长江经济带、"一带一路"等重大战略，加快推进我国区域协调发展。总之，新中国成立七十多年来，我们党始终重视统筹区域协调发展，既谋全局也谋一域，推动全国一盘棋格局的形成，为新发展格局的构建打下了良好的空间基础。

利用外部资源坚持对外开放。当今世界是开放的世界，开放是一个国家繁荣发展的必由之路。对于一个国家、特别是一个大国来说，善于利用外部资源和外部市场以弥补本国发展中资金和市场的不足非常重要。新中国成立后，我们党高度重视国际之间的技术合作问题。社会主义革命和建设时期，以美国为首的西方国家对我国实行经济封锁，但就是在这种严峻的背景下，党中央仍然积极谋划对外经济交流合作。当然这一时期主要是和相关社会主义国家之间进行合作。党的十一届三中全会之后，我国把工作重心转移到经济建设上来，实行对内改革、对外开放，并将其作为我国的基本国策。我国采取了由局部到总体、由低级到高级的渐进式开放策略。从空间上看，从沿海开放到沿海沿边开放、最后拓展到内陆地区整体开放；从方向上看，从引进来为主向引进来、走出去相结合转变；从产业上看，从下游行业向上游行业逐步拓展；从诉求上看，从最初的引进先进技术与经验向推动全球价值链共建转变。进入新时代后，党中央实施了更加积极的对外开放战略。我国提出对外开放要向纵深推进，推动由要素流动型开放为主向规则、标准等制度型开放的转变，以实现更高水平的对外开放。中国持之以恒的对外开放，激活了中国经济，也为世界经济增长提供了稳定的动力源。未来的中国，开放的大门只会越开越大。推进高水平的对外开放，提高我国在全球的资源配置能力，为新发展格局的构建争取了更大的战略主动。

办好中国的事情关键在党。党的领导是我们现代化建设事业的"定海神针"。经过七十多年的建设，我们党领导人民为新发展格局的构建积累了强大的优势。未来，根据环境条件的变化，在推进新发展格局构建的过程中，还需要强化战略思维，从整体上谋划推进，统筹好发展和安全，所有的这一切都离不开党的坚强领导。

第六章 加快实现高水平科技自立自强

当今世界正经历大变革大调整，新一轮科技革命蓄势待发，国际秩序深度调整，全球治理加快变革，人类社会发展面临不确定因素明显增多。新一轮科技革命带动相应的产业变革，最终将改变原来全球分工模式、重塑世界竞争格局。当前，世界主要国家纷纷加大对科技领域的投资，试图抢占科技创新制高点，科技领域竞争已然成为大国博弈的主战场。"科学技术从来没有像今天这样深刻影响着国家前途命运，从来没有像今天这样深刻影响着人民生活福祉。"① 对于我国来讲，要紧紧抓住新一轮科技革命的战略机遇，坚持创新在现代化建设中的核心地位，深入实施创新驱动战略，加快建设科技强国，为实现高质量发展提供强大动力。

第十四讲 科技自立自强是国家强盛的战略基石

一、科技强则国家强

科技是国家强盛之基。第一次工业革命以来，科技创新在推动生产力飞速发展的同时，也深刻地改变着世界经济的格局。科技创新能力成为国家间竞争的主要力量，决定着大国的兴衰。谁能抓住机遇，抢占到科技创新制高点，谁就能引领发展潮流，走在世界前列。

第一次工业革命成就了英国的世界霸主地位。以蒸汽机的发明和广泛应用为标志的第一次工业革命，促进了近代机器工业的兴起，纺织机、抽水机、轮船、火车等机械制造业迅猛发展，社会生产力得到极大提升。作为第一次工业革命的引领者，英国最早确立了工厂制，并且在几十年后建成了现代化的工业体系，经济空前繁荣。19 世纪 50 年代，工业已经成为英国的支柱产业，全世界一半的棉纺织品、金属制品和三分之二的煤炭来自英国；19 世纪

---

① 习近平．习近平谈治国理政（第三卷）［M］．北京：外文出版社，2020：245．

70 年代，英国工业占世界的比重已经接近三分之一。在强大的经济实力支撑下，英国走上了历史的巅峰，成为世界上第一个现代化工业强国。第一次工业革命之后，大国争霸的游戏规则开始悄然改变。决定大国兴衰的不再是简单的殖民和掠夺，而是工业以及隐藏在其后的科技力量。这一时期的中国，由于封建统治者的故步自封，走到了中华五千年文明由盛转衰的转折点。

19 世纪中后期，电力、冶金、内燃机等新技术不断突破，第二次工业革命兴起。德国、美国迅速抓住这次机会，加强基础研究，成为全球创新中心，领跑了这次工业革命。世界第一台发电机、第一台电动机、第一台内燃机、第一辆汽车等发明都诞生于德国。这一时期德国还涌现出如西门子、伦琴、爱因斯坦、本茨等一大批科学家和发明家。19 世纪中后期到 20 世纪初，德国的科技创新发出了令世界瞩目的光芒。20 世纪初的德国制造风靡世界，其生产的化学产品、电气产品、燃料等均位居全球第一。同一时期的美国也不甘落后，以科学家爱迪生发明电灯泡为标志，人类开始进入电气时代。反观这一时期的英国，纺织业全球垄断地位和庞大的殖民地市场，为其轻而易举带来了巨额的利润，但恰恰也是这种路径依赖，消磨了英国人的创造力。到 20 世纪初，英国无奈地把世界经济领导地位让给了美国和德国。

第二次工业革命后，美国在科技领域持续发力，继续引领世界科技发展潮流。在投入上，美国的研发支出总量在全球占比最高时超过 30%。在人才培养上，一方面美国高度重视教育，舍得对教育投入，建成了全球一流的教育体系；另一方面，重视人才引进，来自世界各地成千上百万的高素质移民，为美国提供了不竭的创新活力。在制度上，美国在 1790 年颁布了第一部专利法，之后又成立了专利局，用于保护和鼓励全社会的发明创造。专利制度的诞生，给天才之火添加了利益的燃料，整个国家的头脑都开始活动起来，大量的像爱迪生一样的发明家应运而生。源源不断的发明催生了一个个新的产业，最终美国经济实力大大增强，逐渐走上世界霸主的位置。

回顾工业革命以来两百多年的历史可见，大国崛起都是以强大的科技创新能力为支撑的。科技决定国力，创新改变国运。中国要实现民族复兴，必须大力发展科学技术，抢占科技创新的高地，加快实现高水平科技自立自强。

二、科技是大国博弈主战场

从第一次工业革命开始，科技创新能力已经成为决定大国兴衰的主要力量。当前，第四次工业革命呼之欲出，谁能掌握未来科技的核心技术，谁就能掌握发展的主动权，从而站在世界经济的潮头。

近年来，世界主要国家都加强对未来产业的部署，以争夺科技创新的制高点。比如，美国在特朗普政府时期，为突出新兴技术的发展方向和对未来经济的影响，将新兴技术冠名为未来产业。并且在 2019 年发布的《美国将主导未来产业》报告中，将未来产业确定为美国的国家战略，指出政府在未来的研发预算中将加大对这些产业的支持。拜登上任之后，继承了发展未来产业的战略思想，表示将继续加大对这些产业的投入。这些战略部署在随后的《美国就业计划》《NSF 未来法案》《无尽前沿法案》等报告中得到了很好的体现（见表 6-1）。日本政府也高度重视布局未来产业。2016 年初安倍晋三提出，要通过未来技术对网络和现实空间进行融合，实现人与人之间新的联系，为人类创造一个持续且具有韧性的更加美好的"智慧社会"，他把这种愿景称为"社会 5.0"。在这种愿景的引领下，日本政府在生命健康、智能供应、智能交通、机器人、自动驾驶等未来领域进行了战略部署，之后在《科学技术创新综合战略》《新产业结构蓝图》等报告中进行了详细的规划（见表 6-2）。除了美国、日本之外，英国、法国、德国等主要国家也都从国家战略规划、资金支持、人才培养等多方面对未来产业进行了战略部署。

表 6-1　美国对未来产业的部署

时间	产业政策	领域
2019 年	《美国将主导未来产业》	先进制造业、人工智能、5G、量子科学
2019 年	《2021 财年政府研发预算重点》备忘录	人工智能、先进通信网络、智能制造、量子科学
2020 年	《2022 财年政府研发预算重点》备忘录	先进通信网络、人工智能、先进制造业、量子科学、未来产业相关的计算生态系统
2021 年	《无尽前沿法案》	半导体、量子计算、机器人、人工智能、生物技术、合成生物学、高性能计算、数据储存、自动化与先进制造
2021 年	《美国就业计划》	先进计算、先进能源、半导体、先进通信
2021 年	《NFC 未来法案》	人工智能、网络安全、量子科学、超级计算

表 6-2　日本对未来产业的部署

时间	产业政策	领域
2016/2017 年	《科技创新综合战略（2016）》《科技创新综合战略（2017）》	优化能源价值链、高效维护基础设施、地球环境信息平台、智能交通、智能生产、机器人、物联网、图像信息、三维地图信息

续表

时间	产业政策	领域
2017 年	《未来投资战略：为实现"社会 5.0"的改革》	智能交通、智能供应链、能源与环境、生命健康、机器人
2017 年	《新产业结构蓝图》	生物医药、自动驾驶、尖端材料、功能食品、授信智能化、关怀护理计划
2020 年	《科学技术创新综合战略（2020）》	人工智能、大数据、超算、生物医药、清洁能源

过去几次工业革命都首先爆发在西方国家，我国由于历史原因，错过了前三次工业革命。改革开放后，我国打开国门向西方学习，在四十多年的时间里依次完成了三次工业革命，现在又开始经历第四次工业革命。今天的中国，不仅是世界第一制造业大国、全球工业体系最完整的国家，而且在 5G、人工智能、大数据等方面取得突破，进入了新一轮工业革命的第一梯队，已被认为是第四次工业革命引领者之一。对于以美国为首的西方国家来讲，中国是东方文明的代表，它们绝对不能容忍一个非西方国家来引领下一轮工业革命。因此抱团遏制中国工业发展已经成为西方主要国家幕后共识。以中美博弈为例，我们看到，随着中国在技术领域的不断追赶，美国认为中国的科技攻势已经对其形成了巨大的威胁，未来将会影响到美国在全球科技领域的核心利益。因此它必须采取快速行动对中国施压。截至 2022 年 8 月，中国已有 600 多个实体被纳入美国的实体清单。其中，对中国的制裁集中在科技企业、特别是科技龙头企业。近年来美国对中国的贸易制裁、投资限制，最终都是服务于科技博弈，中美的科技关系已经从友好合作转向了战略博弈。当然除了美国之外，其他西方大国针对我国的类似行为也是不胜枚举。

面对新形势新挑战，我们必须坚持创新在现代化建设中的核心地位，坚持科技自立自强，提高自主创新能力，发挥创新的引领作用，努力推动我国经济实现高质量发展。

第十五讲　新时代我国科技发展取得历史性成就

党的十八大以来，党中央深入分析国内外发展形势，全面研判国际科技领域的竞争态势，坚持把科技工作放到支撑国家发展战略全局的重要位置，立足当前、着眼长远，着力加强顶层设计，全面谋划科技创新工作，充分激发各方面的积极性、主动性、创造性，推动我国科技发展取得历史性成就。总的来讲，新时代以来的十年，是我国科技进步最大的十年，也是我国科技实力提高最快的十年。我国科技实力从点到面、从量到质得到了系统性提升，我国科技实力跃上新的大台阶。

一、科技创新整体能力显著提升

进入新时代以来，我们把创新作为引领发展的第一动力，不断提升科技研发投入。国家统计局数据显示，2022 年全社会研究与试验发展经费（以下简称研发经费）投入超过 3 万亿元，是 2012 年 1 万亿元的 3 倍多，十年时间年均增速超过 12%。在研发投入总量迈上新台阶的同时，我国研发投入强度（研发经费与 GDP 之比）也在持续提升。2022 年我国的研发投入强度为 2.54%，比上年提高 0.11%，在世界排名第 13 位，超过荷兰、法国等国家，接近经济合作与发展组织国家的平均水平（2.7%）。

近年来我国科技创新产出也持续提升。2022 年，国家知识产权局授权发明专利 79.8 万件，比 2021 年增长了 15%。截至 2022 年底，我国发明专利有效量突破 400 万件，位居世界第一。其中高价值专利发明达到 132 万件，平均每万人拥有 9.4 件。2022 年我国国际论文产出数量为 61.2 万篇，首次超过美国位居世界第一，占全球份额的 24.5%。在产出的国际论文中，超出三分之一的论文高于国际平均被引次数。我国的热点论文数量（1808 篇）首次超过美国（1730 篇）跃居世界第一，占世界份额超过 40%。这些数据表明，我国科技论文开始转向高质量发展阶段。总的来讲，十年来我国科技创新能力不断提升，世界知识产权组织发布的《2023 年全球创新指数报告》显示，我国在世界创新指数排名中上升至第 12 位，成功进入创新型国家的行列。

二、基础前沿重大原创成果不断涌现

党的十八大以来，党和国家高度重视基础研究和前沿技术开发，持续加大对基础研究的投入。我国基础研究经费投入从 2012 年的 498.8 亿元增长到 2022 年的 2023.5 亿元，投入总量首次突破 2000 亿元，位居世界第二，十年来年均增速超过 15%；基础研究经费投入占研发经费总量的比重从 2012 年的 4.8% 增长到 2022 年的 6.57%。

在基础研究领域持续高强度的投入为我国带来了显而易见的好处。近年来，我国在量子信息、脑科学、高温超导、干细胞、类脑芯片、合成生物学等前沿领域取得一批具有国际影响力的重大原创成果，国际影响力大幅跃升。

以量子信息为例。量子技术被称作能影响人类未来的重大技术，近年来是国际竞争的热点领域。2001 年中国科学技术大学潘建伟教授组建量子"梦之队"，开始在该领域研究攻关。经过二十多年的努力，中国在量子通信领域取得了一批领先世界的重大成果。2016 年 8 月 16 日，世界上第一颗量子卫星"墨子号"在酒泉卫星发射中心成功发射，标志着我国在量子通信领域成为世界的领跑者。2017 年 9 月 29 日，"京沪干线"正式开通，这是世界上第一条量子保密通信干线，通过"墨子号"与"京沪干线"的连接，打通了天地一体化量子通信链路，为构建全球化量子通信网络奠定了重要基础。国际顶尖科学期刊《自然》评价，"中国目前已经是卫星量子通信的世界领导者"。我们还成功组织了一批重大基础研究任务，随着"天问一号""海斗一号""嫦娥五号""长征五号""怀柔一号""人造太阳"等战略高技术领域的重大突破，我国在深海、深空、深蓝、深地等领域牢牢占据科技制高点。

三、战略性新兴产业发展取得新突破

近年来，我国加强战略性新兴产业新赛道布局，聚焦智能制造、能源、交通、数字经济等领域，围绕产业链布局创新链，强化科研攻关，通过关键核心技术的突破来推动产业升级，战略性新兴产业发展取得新突破。国产 C919 大飞机开启商业运营，时速 600 公里高速磁浮关键技术得到攻克，机器人、激光制造、智能制造等技术有力推动"中国制造"转向"中国智造"。新能源汽车加快发展，连续多年产销量稳居全球首位，5G 技术率先实现规模化应用。数字经济、人工智能蓬勃发展，人脸、语音、图像识别进入全球第一方阵。聚集瓶颈制约，实施重大科技专项，一些关键核心技术取得重大成果，支撑了川藏铁路、港珠澳大桥等重大工程的顺利实施。我国高铁在国际竞争中优势突出，最长的运营里程、最全的技术体系、最强的集成能力、最大的在建规模，短短二十年的时间，中国高铁树立起世界高铁建设的新标杆。当前，世界高铁网络的 60% 由中国承建，中国高铁已经成为中国制造的一张独特亮丽的"名片"。

四、民生领域科技创新取得显著成效

随着经济社会的发展，人民对美好生活的期待日益上升，对民生领域的科技创新提出了更高的要求。科技赋能医疗领域，服务人民生命健康。聚焦心脑血管、癌症等重点领域，建立国家临床医学研究中心，加快推进相关药物研发并实现突破，打破了癌症、白血病等国外专利药的垄断。医用重离子加速器、CT、彩超等高端医疗装备实现国产化。特别要指出的是，面对2020年突如其来的新冠疫情，我国围绕病毒溯源、疫苗研发、疾病救治等重点领域开展科研攻关，分离出全球第一个病毒毒株，开发出救治药物、检测试剂以及多款疫苗，成功打赢了一场科技抗疫攻坚战。科技赋能农业领域，通过科技攻关与示范推广，农业关键技术取得突破，国家粮食丰产科技工程成效显著，有力保障了国家粮食安全。科技赋能生态保护领域，控制钢铁污染物超低排放、煤炭高效清洁燃烧等多项关键技术的突破，促进了我国节能环保行业的发展。新时代以来的十年，在相关领域科技创新的支撑下，我国水路电管网智能化、现代化水平不断提升，当前已建成全球最大的基础设施工程体系。

第十六讲　当前我国科技领域存在的主要问题

尽管近年来我国科技事业取得了很大的成就，我国科技创新整体能力显著提升，一些重要领域跻身世界第一梯队，某些领域进入"三跑"（跟跑、并跑、领跑）并存阶段，而且并跑、领跑比例不断上升，我国科技创新的发展格局发生了历史性转变，科技发展站在新的历史起点。在肯定成绩的同时，我们必须看到，我国科技发展水平同世界先进水平相比还有很大的差距，特别是关键核心技术受制于人的局面仍然没有根本转变，这是影响我国国家安全与发展的最大隐患。与全面建设社会主义现代化国家新任务新要求相比，我国科技领域存在的主要问题体现在以下几个方面。

一、基础科学研究短板突出

基础科学是以自然现象为研究对象，反映自然界基本规律的科学。比如，牛顿力学、麦克斯韦的电磁学、热力学等。基础科学包括物理、化学、数学、生物、逻辑、天文、地球科学七门学科及其分支学科。对基础科学的研究是为了让我们认识自然界，因为我们只有深入了解自然界，才有可能利用自然界。对基础科学的研究从短期来看可能不会带来即刻效益，也不可能直接应用到实际生活中，所以感觉离我们很远，好像没有什么实际用处。但是事实上，基础科学是整个科学体系的源头，是科技创新的原动力，是解决实际问题的基本原理。比如，牛顿力学并不能直接教我们怎么盖房子，盖房子是土木工程要解决的问题，但是牛顿力学是土木工程的基础。回看世界历史，欧美国家的崛起无不是与其基础科学水平的提高有关。没有热力学、牛顿力学、电磁学等科学作为基础，两次工业革命无从谈起。因为只知道烧煤的人是没有办法做出蒸汽机的，蒸汽机的发明必须要有热力学理论作为支撑；不把电磁学搞清楚，也不可能有今天电的被广泛应用，如果我们去问麦克斯韦有关电磁学方程的用处，可能他自己都不曾想到，今天我们所享受的电和电器带来的便利，源于他当年建立的电磁场理论。当前我国基础研究短板突出，缺乏重大原创性成果，基础工艺不足，底层技术薄弱，教科书中用中国人名字命名的定理、公式很少，和西方发达国家相比还存在不小的差距。因此加强对基础科学的研究，是提高我国原始创新能力、跻身世界科技强国的必要条件。

重视基础科学研究，首要的是增加对其的经费投入。尽管近年来我国对基础研究投入持续加大，2022年投入突破2000亿元，总量位居世界第二，但是基础研究经费占全社会研发经费的比重仍然偏低，近二十年来一直徘徊在5%左右，2020年首次超过6%，2022年提升到6.57%。当前欧美发达国家在基础研究上的投入占比通常是15%到25%，其中美国稳定在17%左右、韩国约为18%、日本为15%左右、法国高达25%。换一个角度比较，美国研发强度约3%，按照基础研究投入占比17%来算，当前美国用于基础研究的经费总量约是我国的五倍。与西方发达国家相比，我国仍有较大差距。造成这一差距的一个非常重要的原因是，我国的基础研究投入结构不合理。我国基础研究经费投入主要依靠中央政府，地方政府、企业以及其他公益基金明显偏低。当前我国基础研究经费投入中90%来源于中央财政，地方财政约占7%，企业对基础研究的投入极低，仅占1.5%。而在西方发达国家中，大学、企业、慈善机构对基础研究的投入占了不小的比例。以美国为例，在其基础研究经费投入中，联邦政府、地方政府、高等院校、企业、慈善组织等社会资金的占比分别大约为43%、27%、14%、13%、3%。众所周知，基础研究难度大、周期长、风险高，企业投入时顾虑大，因此更愿意投入见效快的应用研究，对基础研究的投入大约仅占企业研发总投入的0.1%。因此，改革我国科研管理体制，出台相关政策吸引企业和社会资金，建立多元化投入机制，是未来我们努力的方向。

二、关键核心技术受制于人

虽然我国的科技创新能力显著提升，从改革开放之初的跟跑逐渐进入"三跑"并存阶段，但是实事求是地讲，在全球制造业价值链分工中，我国总体上依然处于中低端。当前，我国关键核心技术受制于人的局面仍然没有得到根本性改变，很多领域"卡脖子"技术亟待突破。

2018年，《科技日报》曾推出系列文章，报道制约中国发展的三十五项"卡脖子"技术，引起了社会的广泛关注。三十五项"卡脖子"清单中，有一项是公众比较熟悉的芯片。芯片又叫集成电路，体积很小但用处很大，被广泛用于工业领域，手机、电脑、汽车、智能家电、云计算、航空航海等是所有的电子产品的"心脏"，因此又被称作工业"粮食"。我国是一个芯片使用大国，但同时也是芯片进口大国。过去十年，我国用于芯片进口的资金已经累计超过两万多亿美元（见图6-1），近年来我国进口芯片的费用已连续四年超过进口原油的费用。2022年中国进口芯片费用4156亿美元，相当于进口铁矿石和原油的总和。芯片排在"卡脖子"清单的第二位，排第一位的是光刻机。光刻机是用来生产芯片的必要设备，也就是说，如果我们仅仅拥有芯片的研发设计能力，而没有与之对应的光刻机，那么芯片还是没有办法生产出来。目前，全球能生产中高端光刻机的国家只有荷兰和日本，其中80%的市场份额属于荷兰的阿斯麦（ASML）公司。能制造顶级光刻机的只有荷兰的ASML公司，当前ASML公司生产的最高端的光刻机EUV，售价非常高，完全的卖方市场主导价格，折合人民币十多亿元。但是对于我们来讲最关键的问题还不是价格，而是买不到，因为美国施压ASML公司禁止对华销售光刻机。

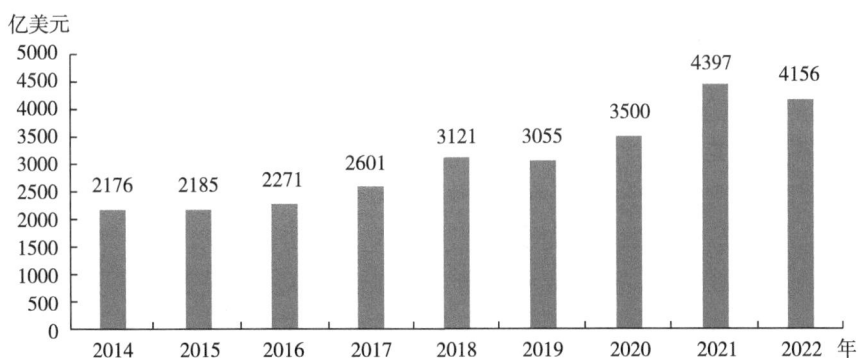

图6-1　2014—2022年芯片进口情况

目前，我国关键核心技术领域短板突出，产业发展所需要的关键零部件、高端设备、关键材料等大多依赖进口，与发达国家差距较大。工信部数据显示，我国关键核心技术50%以上依赖进口，关键材料中有30%仍为空白，高端产品研发超过七成需要外援支持，80%的重要零部件依赖进口。造成这一局面的主要根源还在于我国基础科学研究底子弱、基础薄。因为关键核心技术突破需要底层技术的支撑，而底层技术的背后又隐藏着包括对物理、化学、生物学等基础学科的识别和突破。基础科学是整个科学体系的源头，基础研究跟不上导致底层技术不足，源头和底层的东西没有搞清楚，应用技术就会成为无源之水、无本之木。在逆全球化思潮抬头的背景下，一旦西方国家对这些关键核心技术"卡脖子"，我国之前直接在应用层面所进行的迭代创新就会瞬间塌方。2018年美国对中兴的制裁就是一个非常典型的案例，作为一个拥有3万研发人员、PCT专利申请连续8年排名第三、5G无线、核心网等产品世界领先的全球企业，董事长殷一民表示，美国的制裁会让中兴马上进入休克状态。最终中兴付出了14亿美元天价罚款等高额代价与美方达成和解。习近平总书记强调："关键核心技术是要不来、买不来、讨不来的。"① 打赢这场攻坚战唯一的出路就是自力更生、自主创新。

三、科技成果转化渠道不畅

2022年我国全社会的研发经费投入总量超过3万亿元；发明专利有效量和国际论文产出数量均位于世界前列。但是在专利、论文数量大幅增加的同时，我国的科技创新能力并没有同步提高，2022年我国的世界创新指数仅排名第十二位。两者之间落差的一个非常重要的因素就是我国科技成果转化率低。当前我国科技成果转化率在30%左右，发达国家的平均水平是60%～70%，美国的科技成果转化率达80%。我国科技成果转化率和西方发达国家相比差距甚远。科技创新成果不能实现有效转化，是一种极大的浪费。

究其原因，主要是我国科技成果转化体制机制不顺畅，由此造成转化渠道不通畅。具体来讲，主要表现为以下两个方面。一是对创新成果转化的激励和保护机制尚未形成。以高校为例，我国很多高校重学术轻转化、重数量轻质量，对科研人员的考核评价主要看论文、课题、专利，至于能不能实现产业化不是考核范畴。这就导致科研人员在选择课题研究方向时考虑社会需求不多，科研成果技术成熟性差，最终无法实现成果转化。另外，高校研发经费来源多元化，创新成果归属产权不明晰，职务发明人的知识产权难以落实，导致其转让积极性不高。二是成果转化服务发展滞后，信息传播渠道不畅。很多科技成果被束之高阁、无人问津，而企业却找不到合适的合作机构。当前，我国服务技术成果转让的专业化机构较少。调查数据显示，我国近三千家公立研究机构中，仅9.5%的单位成立了技术转让机构，而且这些服务机构由于缺乏既懂成果转化、又懂财务、法律等专业知识的复合型人才，导致

---

① 习近平.习近平谈治国理政（第三卷）［M］.北京：外文出版社，2020：248.

90%以上的技术转化服务机构发挥作用很小，科研院所的技术成果与市场实现高质量对接依然困难重重。因此，我们要深化科技成果转化体制机制改革，加强成果转让绩效考评，完善科技市场服务体系，打通成果转化过程的堵点，畅通成果转化的"最后一公里"。

四、科研项目管理体系不完善

人才是创新的第一资源。技术是由人来创造的，因此科技竞争说到底是人才的竞争。要实现科技强国的目标，必须通过合理的科研管理制度，为科研人员创造良好的科研氛围，给予科研人员最大的支持和保障，让他们能心无旁骛地潜心研究。但是当前我国科研项目管理体系不完善，严重制约科技创新。具体来看，主要体现在以下两个方面。

第一，项目评价机制不合理。科研项目立项时，没有根据学科特点分类进行，使得一些科技人员创新积极性受到很大影响。比如说很多项目的获取与科研人员的职称紧密挂钩，而在职称评审中对论文、课题等指标又有刚性要求，这对于一些企业人才来讲比较吃亏。曾经有一篇报道指出，某企业一位技术总监，获世界机器人竞赛冠军，但是由于没有论文，各种人才计划都申请不到，这又进一步导致他难以获取国家项目。对科研项目的评价也不尽合理。一是缺乏差异化评价体系，存在"一刀切"现象。没有将基础研究和应用研究分类评价，给予基础研究科研人员的时间和空间不充分，使得基础研究的长期价值无法体现。二是对成果评价重数量不重质量，使得一线科研人员疲于发表没有创新的文章，没有精力集中于真正的创新点研究。

第二，项目管理机制不合理。一是程序烦琐。在申报、结题等方面，需要填写繁多的表格，一线科研人员疲于应付，大大束缚了创新活力。二是财务管理方面不合理。科研人员对科研经费的使用自主权小，经费使用长期存在"重物轻人"现象。比如在科研经费的使用中，设备等"物"的费用占了大头，而用于"人"的绩效奖励、劳务费用等比例较低，严重影响科研人员的积极性。而在发达国家，科研项目中人员薪酬占比很高。比如美国科学基金项目经费中，科研工作者的薪酬比例占到60%左右。

第十七讲　推进高水平科技自立自强的重点任务

一、加强基础研究提升原始创新能力

基础不牢，地动山摇。基础科学研究是创新的源头，是所有技术问题的根基。习近平总书记高度重视对基础科学的研究。在党的二十大报告中，习近平总书记再次强调："加强基础研究，突出原创，鼓励自由探索。"提升我国基础科学研究能力，加快从"0到1"原创性成果的突破，是实现高水平科技自立自强的必然要求。

第一，加大对基础科学研究的投入。从世界各国的经验来看，加强经费投入是促进基础科学研究的重要前提。和西方发达国家相比，我国对基础研究投入严重不足。2022年我国基础研究经费占全社会研发经费的比重为6.57%，发达国家这一比重通常是15%~25%。日本在20世纪50年代中期这一比重达到了20%，1965年甚至达到了30%。我们要借鉴西方发达国家的经验，拓宽经费投入渠道，形成持续稳定的投入机制，加强对基础科学研究的投入。一是中央财政要继续增加投入力度。现阶段我国多元化投入体系还没有建立，中央财政依然是科研投入的主要力量。要对标科技强国，大幅增加中央财政对基础科学研究的投入。二是引导有条件的地方财政加大投入。鼓励经济条件好的地方政府，通过立法等形式，确保对基础研究领域的投资。三是吸引企业和公益组织加大对基础研究的投入。借鉴发达国家经验，通过税收、财政、金融等相关政策的支持，推动企业和其他公益基金加大基础研究的投入。

第二，基础研究要聚焦科学前沿重大问题和国家重大需求。找准学科的创新突破口，是基础研究的一大难题。尽管科学知识十分庞杂，但回看历史，在不同阶段总有一些带头学科引领、带动其他学科交叉融合，实现基础研究的突破。新中国成立之初，我国实施"两弹一星"重大任务，带动了核物理、计算机等学科的发展。第二次世界大战期间，美国和苏联两个国家的科技发展，也得益于阿波罗计划、曼哈顿计划等国家重大战略性任务。当前，我们要借鉴发达国家经验，面向科学前沿和国家需求，加强学科整合，鼓励跨学科研究，创新体制机制，通过有效联动提升整体效能。

第三，激活基础科学研究人才创新活力。人才是科技创新的第一资源。回看世界科技史，谁能拥有一流创新人才，谁就能抢占到科技制高点。美国之所以能够一直占据全球科技中心位置，和它长期拥有一流的国际人才密不可分。我国要实现科技强国，首先要加快培养一批科技领军人才，特别是要注重培养青年科学人才。青年人思想活跃、勇于争先、不畏失败，具备从事科学研究的天然优势。一方面，要引导青年科技人员将自己的理想与国家的前途命运紧密联系在一起，胸怀"国之大者"，坚定创新自信，以更加强烈的历史主动精神勇挑创新重担。要培养他们对科研工作的热爱和坚持，鼓励他们用初生牛犊不怕虎的冲劲、千磨万击还坚劲的韧劲，积极投身基础科学研究。另一方面，要解决科研人员急难愁盼的现实问题，只有将他们的住房、子女教育等问题解决好，科研人员才有可能坐得住冷板凳，心无旁骛地进行科学研究。

二、打赢关键核心技术攻坚战

关键核心技术是国之重器，决定着一个国家在国际社会的话语权和发展权。只有关键核心技术牢牢掌握在自己手中，才能赢得国际竞争优势，从而掌握发展的主导权。因此，我们要直面问题，迎难而上，勇闯科学"无人区"，勇攀科技创新山峰，坚决打赢关键核心技术攻坚战。

第一，发挥新型举国体制优势。举国体制，顾名思义就是集中国家的人财物力，实现国家的重大战略。很多人以为举国体制是社会主义国家的一个"专用体制"，但事实上，举全国之力攻克核心技术是西方科技强国的通行做法。当年美国的登月计划、日本的 VLSI 计划、韩国半导体产业的崛起等，背后都离不开举国体制。我国也不例外，新中国成立之初，为了打破西方对我国的封锁，维护国家的安全，我们倾举国之力，独立自主、自力更生研制出"两弹一星"，创造了世界奇迹。不同历史阶段，举国体制呈现的形式不同。传统举国体制是在计划经济的背景下，资金投入、资源配置主要依靠政府。新型举国体制是在社会主义市场经济的背景下，将政府与市场有机结合起来，集中力量，形成强大的创新合力。近年来，嫦娥探月、天问探火、北斗组网等重大工程的不断突破，无不闪烁着新型举国体制的光芒。面向国家重点需求，聚焦关键核心技术，发挥好新型举国体制优势，政府要利用各种产业政策及税收等手段，充分调动市场主体的积极性，形成有为政府和有效市场相互协调、相互补充的格局。

第二，积极推行"揭榜挂帅"制度。"揭榜挂帅"制度，又称科技悬赏制。具体是指聚焦关键核心技术和重大应急项目，面向全社会张榜公示，不论资质、不设门槛，有本事者均可揭榜。党的十八大以来，习近平总书记多次强调攻克关键核心技术可以探索揭榜挂帅制度，2020 年 11 月首次将该制度写入"十四五"规划建议中。近年来一些企业通过实施"揭榜挂帅"，科技创新跑出了加速度。以中国铁建重工为例，该企业瞄准制约行业发展的"卡脖子"技术难题，通过深化内部市场化机制，让能者揭榜勇者挂帅，最终激发了企业的创新活力，取得了亮眼的成绩。积极推行"揭榜挂帅"制度，要聚焦国家急需的"卡脖子"技术和制约行业发展的重大技术难题，坚持英雄不问出处的原则，打破选人用人的条条框框，引导社会力量揭榜攻关。

三、畅通科技成果转化渠道

科技成果转化率低，主要问题还是出在体制机制上。畅通科技成果转化渠道，促进更多科技成果走向市场，提高科技成果转化率，要深化相关体制机制改革，优化成果转化体系。一要搭建科研机构和企业对接的平台，解决供需双方信息不畅的问题。科技成果与市场需求匹配度越高，越容易实现转化。通过成立科技成果转化服务平台，市场可以了解科研机构的最新创新成果、或对科研机构提出自己的具体需求；科研机构也可以在充分了解市场需求后，有针对性地进行技术研发，避免"两张皮"现象，实现供需精准化匹配。二要完善科技成果产权激励制度。要明确职务发明人的知识产权，制定科技成果转化收益分配办法，保证成果完成人的合法利益。同时将科技成果转化业绩作为科研人员职称考评的重要条件，比如说可以开辟绿色通道，对科技成果转化业绩突出的技术人才不限制职数、优先推荐，对作出突出贡献的科研人员甚至可以直接评聘。三要加强资金支持力度。科技成果的转化不是一蹴而就，而是一个较长周期的过程。如果想最终走向市场，需要长期大量的资金支持。但是也正是由于长周期带来的更多不确定性，使得吸引社会资本比较困难。因此，政府要在前期孵化阶段率先投资，从而引导和推动社会资本参与之后阶段的投资。

四、完善科研项目管理体系

科学合理的科研管理体制能有效地激励科技工作者的积极性。一要完善科研项目评价机制。近年来，我国出台了完善科研成果评价机制的若干政策，但是在实际工作中，唯论文、唯职称、唯奖项、唯学历的评价体系依然盛行，科技进步发动机空转现象依然存在。提升科研投入产出效率，必须摒弃重量不重质的评价机制，确立以质量为核心的评价导向。评价标准不能"一刀切"，要根据科技成果的不同特点分类制定。比如，可以将科技成果划分为科学和技术两类，对技术成果的评价主要看其应用价值，可以交给第三方机构进行评价。要坚决破除"四唯"，赋予用人单位更多的评价自主权，落实同行评议和代表作制度。二要完善项目管理机制。要破除"重物轻人"的理念，在项目申报以及结题方面，不能管得过细过死，要给一线科研人员松绑，不要让繁文缛节把科研人员的精力耽误了。在科研经费的使用方面，要赋予科技工作者更大的自主支配权，增加劳务费用、绩效费用在科研经费使用中的比重。对于在科技成果转化中作出贡献的科研人员，要给予其与成果转化市场价值相匹配的绩效奖励。针对基础研究存在的长期性和不确定性特征，要按照市场机制给知识定价，舍得为愿意从事相关研究工作的科技工作者提供丰厚的待遇，为他们营造良好科研环境。只有这样，才能吸引优秀科研人才加入到基础科学的研究中来。

第七章　加快建设高质量收入分配体系

国民收入分配是社会再生产过程的一个重要环节。众所周知，经济活动是一个周而复始的动态循环过程，包括生产、分配、交换、消费四个环节。在这四个环节中，分配作为桥梁和纽带，在平衡生产和消费中发挥着重要的作用。只有通过合理的分配方式将社会财富有效分配，社会产品才能顺利进入消费环节，下一轮生产才能重新开始，整个社会经济才能正常运行。因此构建科学合理的收入分配制度，不仅是经济学家研究的重要内容，也是世界各国政府共同关注的焦点问题。当前加快建设高质量收入分配体系，是高质量发展的题中应有之义，也是实现共同富裕、推进国家治理体系现代化的必然要求。

第十八讲　当前我国收入分配领域面临的主要问题

收入分配是体现发展成果由人民共享的最直接的方式，收入分配制度是促进共同富裕的基础性制度。改革开放以来，特别是党的十八大以来，党和国家高度重视收入分配问题，强调不仅要把"蛋糕"做大还要分好，让人民共享发展的成果。持续深化收入分配制度改革，从就业、社保、制度建设等多方面入手，采取一系列举措着力提升居民收入、改善人民生活，取得了积极的成效。人民收入大幅增长、生活水平大幅提升，城乡居民的恩格尔系数分别从 1978 年的 57.5%、67.7% 降低至 2023 年的 28.8%、32.4%；消除绝对贫困，为全球减贫事业作出了巨大贡献；推动形成了适应经济社会持续发展的分配制度（以按劳分配为主体、多种分配方式并存），为实现共同富裕奠定了制度基础。尽管取得了巨大的成绩，当前我国收入分配领域仍然存在着一些影响高质量发展的突出问题亟待解决。

一、劳动报酬占国民收入的比重偏低

宏观收入核算中，政府、企业和居民是参与初次分配的主体。劳动者报

酬是指，劳动者通过劳动所获得的包括工资、奖金、补贴、以及各种保险、公积金等在内的报酬。劳动者报酬在国民收入中比重的高低，是分析一个国家国民收入初次分配格局的重要指标。由于我国长期以来市场化程度不高、生产要素价格扭曲等原因，国民收入初次分配中倾向于政府和企业，劳动报酬占比偏低的现象一直存在。20世纪90年代初，在我国国民收入初次分配格局中，劳动报酬占比相对还比较合理，但之后呈现出逐年下滑的趋势。特别是进入21世纪初的几年，下滑的态势更加明显，直到2008年国际金融危机的爆发。2008年之前，我国采取低成本出口战略参与国际循环，这里的低成本就包含着劳动者的低工资，金融危机爆发后，我们将扩大内需作为经济改革的重中之重，劳动报酬占比开始企稳回升。2009年至今，劳动报酬增长开始逐年加快，在国民收入中的比重也在逐年上升。2000年至2020年，我国劳动报酬占比平均为50.2%，2021年为52.6%。和西方主要发达国家相比，我们还有很大的差距。例如，20世纪90年代以来，美国劳动报酬占国民收入的比重在56.1%~60%，英国在53%~57.6%，日本在51.8%~56.9%。从数据比较可以看出，近年来我国劳动报酬占比的最高值也仅仅才达到这些国家的最低值。

此外，当前劳动报酬是我国居民的主要收入来源，在居民可支配收入中，劳动报酬占到80%以上。我国劳动者报酬在国民收入分配中的占比偏低，也就意味着我国居民可支配收入水平偏低，严重影响居民的消费能力，最终又导致国内消费需求严重不足。在这种情况下，生产的产品只能到国外寻找市场，但是如果国际市场出现风吹草动影响到出口，国内就会出现严重的生产过剩问题，这又会进一步阻碍社会再生产的循环畅通。国际经验显示，在初次分配中，劳动报酬占比在55%~60%较为合理。提升劳动报酬在初次分配中的比重，推动国民经济循环畅通，是深化收入分配改革的重要内容。

二、收入差距过大问题依然突出

基尼系数是国际上通用的用来衡量一个国家或地区的收入差距的指标，其数值介于0~1之间。数值越小，表示这个国家的收入分配越公平；数值越大，表明这个国家的收入分配差距越大，越不公平。国际社会把0.4作为贫富差距的警戒线。我国基尼系数在20世纪90年代均低于0.4，2000年第一次超过警戒线0.4之后一路攀升，至2008年达到最高点0.491后逐渐开始呈下降趋势，但是在2022年仍然高达0.467（见图7-1），远高于国际公认的警戒线。从以上数据分析可知，我国收入差距过大的局面尽管得到了一定程度的缓解，但是基尼系数仍在高位徘徊，收入分配不公平问题依然突出。具体来讲，我国居民收入差距表现在城乡之间的差距、不同群体之间的差距以及不同区域之间的差距。

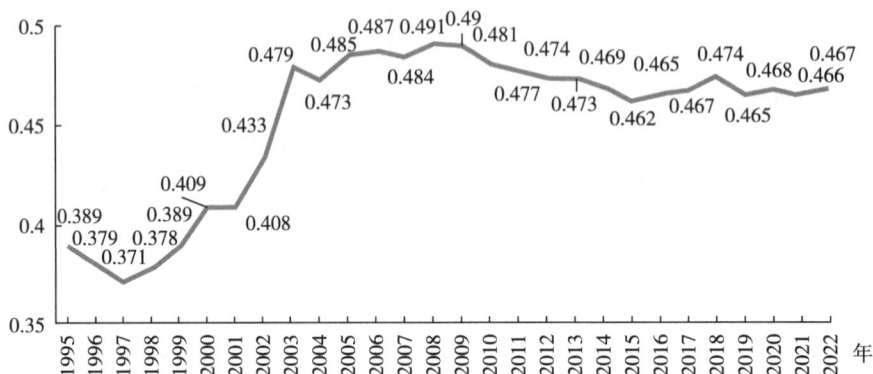

图7-1　我国居民基尼系数变化情况

从城乡差距来看，尽管近年来党中央出台多项政策举措增加农民收入，城乡差距呈明显收窄态势，但当前城乡差距依然较大。2022年我国城镇居民人均可支配收入为49283元，农村居民人均可支配收入为20133元，城乡居民人均可支配收入比值仍然达到2.45。国际社会通常认为城乡收入差距如果在1.5倍左右，相对合理。从不同群体之间的收入来看，当前差距依然较大。国家统计局将全国居民按照人均收入水平顺序排列，平均分为五等份，依次为高收入组、中间偏上收入组、中间收入组、中间偏下收入组、低收入组。如图7-2所示，2022年我国高收入组居民，人均可支配收入为90116元，是低收入组居民人均可支配收入（8601元）的10倍多，即便是第二梯队的中间偏上收入组，其人均可支配收入（47397元）也才是第一梯队（90116元）的一半多。从不同区域间收入比较来看，尽管近年来中西部地区居民收入增长速度高于全国，但是区域之间的收入差距依然较大。国家统计局数据显示，2022年，东部地区与西部地区居民人均可支配收入之比为1.61，排在第一位的上海市人均可支配收入（79610元）是最低的甘肃省（22066元）的3.61倍。此外，2022年我国仍有近三分之二（19个）的省、自治区、直辖市的人均可支配收入在全国平均线之下。

元

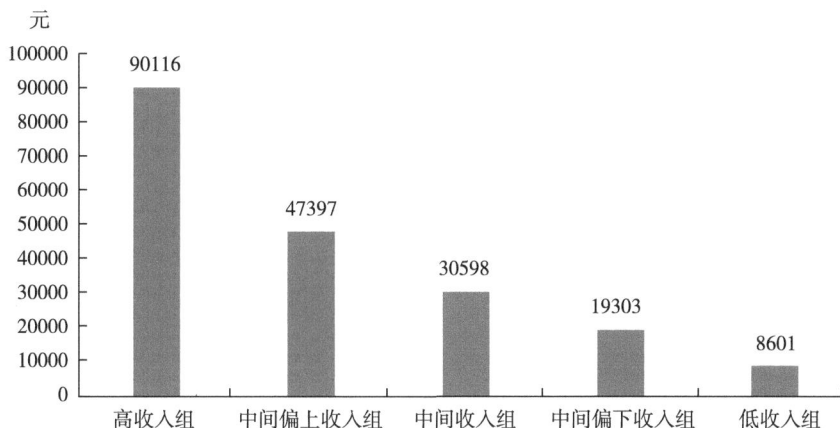

图7-2　2022年全国居民按收入五等份分组人均可支配收入比较

三、中等收入群体规模偏小

中等收入群体是消费的主力军，也是促进社会稳定、缩小贫富差距的中坚力量。我国要构建新发展格局，推动高质量发展，跨越中等收入陷阱，都离不开中等收入群体的发展壮大。从国际发展经验来看，进入高收入行列国家都是两头小中间大的橄榄形社会结构，也就是社会阶层中极贫极富的人群很少，中等收入群体占比很大。按照世界银行的标准，年人均收入在2.5万~25万元都属于中等收入群体。按照这样的标准，当前我国拥有4亿中等收入群体，大约占到全国总人口的30%。但是和西方发达国家相比，依然有较大的不足。一是比重不高。尽管我国中等收入群体绝对数量为世界第一，但是占全国人口的比重仅30%左右，和西方发达国家的60%相比还差三十个百分点。二是标准不高。我国的中等收入群体中，处于标准上限25万元的居民偏少，大多数居民集中在下限附近。此外还必须看到的是，当前我国居民杠杆率偏高。如图7-3所示，我国居民杠杆率在1997年时仅3%，2001年首次突破两位数达到10%，从2008年（18%）开始，呈迅速增长态势，到2018年超过了50%，2022年这一数字已经达到61.9%。美国居民杠杆率从20%上升到50%以上用了近40年，我们国家从2008年到2017年，只用了不到十年的时间。众所周知，居民杠杆率高，意味着大多数人身上背着巨额负债，对于中等收入群体而言，充其量就是高负债的中产人群，其消费能力的大小可想而知。

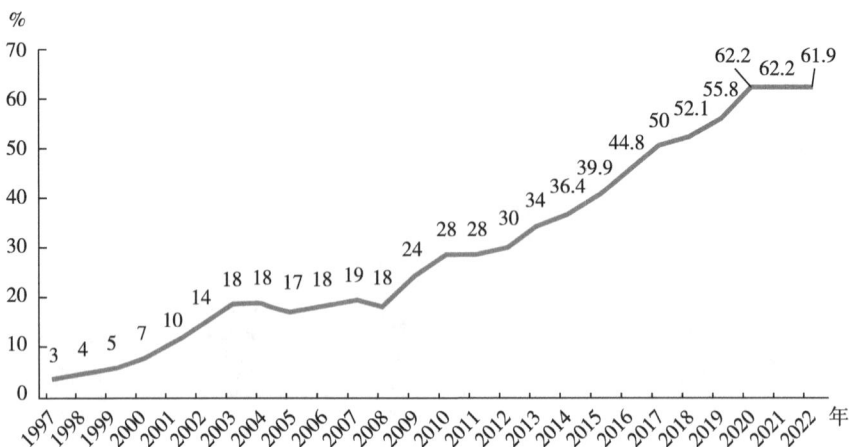

图 7-3　我国历年居民杠杆率

第十九讲　日本"国民收入倍增计划"对我国的启示

1960 年，日本政府出台了一项对日本影响意义深远的计划——"国民收入倍增计划"，该计划打算用十年时间实现人均国民收入翻番，最终该目标提前五年完成。从 1960 年到 1970 年，日本人均国民收入增加了 1.5 倍，在大幅提高国民生活水平的同时，日本经济也实现了十多年的高速增长。"国民收入倍增计划"被国际社会认为是日本历史上最成功的计划之一。

一、"国民收入倍增计划"的出台背景

第二次世界大战结束后，日本百废待兴。长期的战争摧毁了国家将近一半的财富，国力消耗殆尽，工业设备遭到严重破坏，制造业的生产能力还不及战前的 40%，农业生产能力也降至战前的 70%。面对满目疮痍，日本政府采取优先发展钢铁、煤炭两大行业，希望以此来带动国家的经济复苏。朝鲜战争爆发后，日本成为美国的军火供应地，借助美国的支持，加上国内的经济政策，日本经济实现了快速复苏。1953 年日本经济基本恢复到战前水平，之后进入了高速增长时期，到 20 世纪 50 年代末，日本迈入中等收入国家行列。

但是在快速发展经济的同时，日本政府却忽视了对国民生活的改善，出现了"国富民不富"的窘境。第二次世界大战结束后到 50 年代末，日本经济高速增长，年均增速达 10% 左右。但同一时期日本普通老百姓的生活水平并

没有得到同步改善。一方面，国民工资水平较低，从 1955 年到 1960 年，日本全社会工资年平均增长率仅为 5.6%；另一方面，社会各阶层收入差距悬殊，集中体现在日本城乡收入剪刀差、大小企业以及不同地区之间的收入差距过大。这样的一种不平衡发展模式使得日本经济在 20 世纪 50 年代末陷入困境，产能过剩、失业率高、需求不足，经济循环出现了多重梗阻。究其原因，主要是第二次世界大战后在美国的扶持下，日本采取的是出口导向型经济政策，出口产品主要集中在以纺织品为代表的劳动密集型产业。到 50 年代末，其他西方国家要求日本进一步开放市场并开始限制日本产品出口，日本外需出现梗阻。但彼时的日本，由于国民收入水平低使得居民消费水平长期低迷，内需严重不足。与此同时，低工资水平引起民众严重不满，整个社会当时怨声载道，劳资关系非常紧张，社会矛盾异常突出。从 1959 年 4 月到 1960 年 10 月，日本共发生了二十多次大范围的游行示威活动，全国大约有四百多万人先后参与了以反对《日美安保条约》修正案为借口，实则为提高工资待遇为目的的罢工、游行等活动，最后迫使时任首相岸信介辞职。因此尽快解决经济发展的不平衡问题以及由此带来的社会矛盾，成为摆在下一届政府面前的首要任务。

当时日本学者对日本未来经济发展主要有两种观点。第一种观点以经济学家后藤誉之助为代表，他认为经过第二次世界大战后十多年的高速增长，日本经济未来应该是一个比较稳定的增长趋势。第二种观点的代表人物是经济学家下村治，他认为如果能在未来十年实现日本国民收入普遍性翻倍，就能够有效解决国内需求疲软的问题，从而打通经济循环的梗阻，这样的话日本经济还可以继续高速增长。1960 年，新上任的日本首相池田勇人采纳了下村治的建议，"国民收入倍增计划"随之启动。

二、"国民收入倍增计划"的具体内容

"国民收入倍增计划"最终目标是经济增长的同时改善国民的生活水平。具体地讲，就是计划用十年（1961—1970 年）的时间，使国民生产总值和人均国民收入都实现翻番的目标。通俗地讲，就是既要做大"蛋糕"，还要分好"蛋糕"。日本政府主要从加大投资改善基础设施、出台政策引导产业升级、加强国际合作、重视科技以及注重人才培养等几个方面来继续做大"蛋糕"。此外推动收入分配改革以分好"蛋糕"，这是该计划的重头戏，在此重点分析这个内容。为增加国民收入并缩小全社会的收入差距，该计划采取了以下措施。

第一，提升全社会的收入水平并缩小收入差距。一是构建合理的收入分配机制，提高国民收入水平。该计划强调提高劳动者报酬占国民经济总量的比重，提高全社会整体的工资水平。同时建立最低工资制度，并对低收入群体给予财政补贴，收入越低获得的财政补助越高。二是促进中小企业发展，增加社会就业机会。日本政府肯定了中小企业在经济发展以及就业中的重要作用。从1963年开始相继制定了《中小企业指导法》《中小企业基本法》等相关法案，通过采取政策倾斜帮助中小企业推进现代化水平，以提高中小企业竞争力和员工的收入水平。比如增加对中小企业的现代化设备投资、帮助中小企业争取国家订单、要求同行业大型企业对中小企业进行扶持等。最终，中小企业在该计划大力支持下迅猛发展，促进经济增长的同时还为社会提供了大量的就业机会。三是扶持落后地区，促进区域均衡发展。通过给予落后地区政策上的优惠，并加强对其公共基础设施的投资，鼓励一线城市企业向这些比较偏远的地区迁移，解决区域之间发展不平衡的问题。

第二，提高农民收入并帮助农民工转型。面对当时严重的"三农"问题，日本政府从两个方面着手解决。一是出台相关政策提高农民收入。一方面大幅提高粮价来增加农民收入。1961年颁布《农业基本法》，明确提出大幅提高粮食特别是大米的收购价格。20世纪60年代日本粮食价格几乎增长了一倍，其中大米收购价格最高的时候曾经达到美国大米价格的2.8倍。粮食价格的全面上涨大大增加了农民的收入。另一方面加大补贴力度以支持农业现代化。日本政府在十年间对农业的补贴翻了两番多，以推行农业机械化、提升农业的生产效率。二是帮助农民工成功转型。为了让农村剩余劳动力成功转型为非农业人口，日本政府出台了一系列相关的政策，帮助他们在城市站稳脚跟。这些政策总结起来就是，无论住房、教育还是保险，对农民工都一视同仁。实行自由的户籍政策，农民工可以跨地区自由流动，政府为其在城市提供保障住房；农民工子女和当地城市居民享受同等教育以及升学待遇；强制要求企业为农民工购买与城市居民相同的养老、医疗、工伤等保险。随着这些政策的落实，农民工的收入以及其他应有的权利都得到了相应的保障。

第三，降低全社会的税负并健全社会保障。通过降低税率、提高个人所得税起征点等方式减轻全社会的税负。从1955年到1973年，日本的税收总额增长了十六倍，但同期税负一直保持在19%左右，守住了税负不超过20%的红线。该计划还非常注重健全社会保障。从1961年开始相继颁布了《国民年金法》《社会保障法》《儿童福利法》《老人福利法》等相关法律，基本实现了全民保险。从1961年到1970年，日本社会保障支出年平均增长率达

1.8%，真正实现了从救济贫穷到预防贫穷的转变。

三、"国民收入倍增计划"的成效及启示

"国民收入倍增计划"颁发几年后，成效迅速显现，大部分目标都提前完成。从结果来看，该计划实施期间，日本经济社会都取得了骄人的成绩。一是经济实现了高速增长。从 1960 年到 1973 年，日本维持了长达十几年的高速增长。其中 20 世纪 60 年代的十年，年平均增长率高达 12%，70 年代的前三年，日本经济增长率仍然在 7% 的高位运行。经济的长期高速增长使得日本在 1968 年超过德国成为世界第二大经济体，到高速增长期结束的 1973 年，日本的人均国内生产总值已经达到西方发达国家的水平，正式进入了发达国家的行列。二是国民生活水平显著提高。该计划打算十年人均收入翻番，但事实上仅用了五年时间就达成了目标。经济高速增长的十年，国民增收也实现了同步发展。日本人均国民收入从 1960 年的 395 美元增加到 1970 年的 1592 美元，十年间增加了 1.5 倍。国民收入水平的提升带来了消费的增长，到 1972 年，日本"三大件"（洗衣机、电冰箱、吸尘器）的普及率从 1963 年的 41%、10%、8% 上升到 1972 年的 92%、93%、75%；同时老百姓用于休闲娱乐方面的消费也逐渐增长，国民生活水平显著提升。三是整个社会收入差距过大问题得到改善。从 1964 年开始，日本贫富悬殊显著缩小，基尼系数持续下降，最终保持在 0.26 左右。日本整个社会的不同阶层都能比较公正地享受着经济增长带来的收益。总之，"国民收入倍增计划"取得了超预期的巨大成绩。因此，该计划也被很多学者称为日本历史上最成功的计划之一。

当前，我国在收入分配领域的情形和 20 世纪 50 年代末的日本非常像，劳动报酬偏低、收入差距较大、居民杠杆率偏高，总而言之就是国强但民不富。早在两千多年前，春秋时期政治学家管仲就提出了"治国必先富民"的思想。从国际社会发展经验看，一个国家在经济起飞的初期，经济发展采取"高积累、低分配"的模式合情合理，但是当经济发展跨越过"短缺"阶段后，就必须要处理好发展经济和改善民生的关系，必须重视全面提升人民的生活水平。他山之石，可以攻玉。借鉴日本当年"国民收入倍增计划"的经验，结合我国实际情况，形成符合中国国情的收入分配体系，提高人民的生活水平，是高质量发展的题中应有之义，也是实现共同富裕的必然要求。

第二十讲　建设高质量收入分配体系的对策建议

当前，我国收入分配领域存在的突出问题，有各地资源禀赋差异的原

因，也有分配制度不尽合理的因素。要切实解决这些问题，必须从完善分配制度上入手，进一步深化收入分配制度改革。要坚持共享发展的理念，通过更加公平、更加合理的分配制度，提升人民生活水平，降低居民收入分配差距，让发展成果更多地惠及全体人民。习近平总书记在党的二十大报告中指出，"构建初次分配、再分配、第三次分配协调配套的制度体系"，为建设高质量收入分配体系指明了方向。

一、改革完善初次分配制度

初次分配在分配制度中起着基础性作用，直接影响到劳动者收入水平和整个社会的分配公平程度。初次分配主要通过市场化竞争来实现，我国当前在初次分配环节仍存在制约公平竞争的一些问题。比如说劳动力要素流动不畅通、劳动力要素参与初次分配的比重偏低等。因此完善初次分配制度是收入分配制度改革的重中之重。

提高劳动报酬在初次分配中的比重。劳动报酬是我国居民收入的主要来源，提高劳动报酬的比重，对提升人民收入水平、激发人们积极参与劳动创造财富的热情有着非常重要的意义。一要完善工资集体协商机制。工资集体协商是指职工与用人单位就工资分配制度、分配方式、收入水平等进行商谈的行为，当前该机制已经成为国际社会公认的协调劳动关系的有效机制。通过政府、企业、工会共同参与协商，要着力健全三个机制（集体协商成为企业决定工资分配基本方式的机制、工资合理增长机制、工资支付保障机制），增加劳动要素在分配中的比重，进一步保障职工合法权益。二要健全城乡劳动者平等就业、同工同酬制度。由于历史的原因，城乡劳动者在就业时存在不平等现象，农村劳动者在就业选择和就业权利方面都处于弱势地位。要加快户籍制度改革，推进城乡一体化人力资源市场运行机制的建立。加快推进农民工与城镇职工同工同酬，逐步实现统一的社会保障制度。三要健全最低工资标准调整机制。充分发挥政府主导作用，通过完善最低工资条例或相关规定，建立最低工资标准定期上调机制，保障低收入劳动者的基本权益。同时还要强化监督执法职能，对拖欠农民工工资和不按规定支付最低工资的用人单位要严厉查处。

提高居民收入在国民收入分配中的比重。一要推动高质量的就业。就业是民生之本，发展之基。通过扩大就业和提高就业质量增加劳动者的收入，经济社会就有了稳定的基石。一方面要深入实施就业优先战略，持续优化营商环境，创造更多的就业岗位，进一步降低创业门槛。另一方面要通过提高教育质量和加强职业培训，提高劳动者的基本素养和技能水平，特别是要加大面向农民工的免费职业技能培训，以便更好地与社会需求相匹配。通过更高质量的充分就业，最终促进居民收入稳定增长。二要拓宽城乡居民的增收渠道。鼓励城乡居民积累财富，创造条件提高其财产性收入。对于城镇居民，通过推动资本市场健康发展以及金融开放，拓宽居民的投资渠道，以增加其财产性收入。对于农村居民，通过深化农村土地制度改革，赋予农民更多的财产权益。当前，和集体经营性建设用地入市价格相比，我国农村土地征收补偿标准偏低，这也是导致农村地区矛盾冲突的重要原因。要统筹集体经营性建设用地和土地征收的补偿比重，保障被征地农民当前生活水平不下降，未来生活有保障。要推动宅基地有序出租、流转，探索宅基地有偿退出机制。要创新土地流转收益分配机制，探索建立集体经营性建设用地入市收益分配机制，推动集体经济收益分配向困难群众适当倾斜。

二、健全再分配调节机制

国际经验表明，发挥好政府的再分配调节作用，可以有效地降低居民收入差距。OECD 国家初次分配后基尼系数都在 0.4 以上，但是经过再分配后，基尼系数都降至 0.35 左右。当前我国基尼系数仍在国际警戒线之上，居民收入差距较大的问题依然客观存在。健全再分配调节机制，充分发挥政府对收入分配的调节作用，对缩小城乡、区域、不同群体之间的收入差距以及增加低收入群体的收入水平都有着十分重要的意义。

完善税收调节机制。税收不仅仅是财政的主要来源，还是收入分配的重要调节器。从税制结构上看，当前我国间接税比重过高，没有出台调节高收入群体的财产税，没有真正彰显税收的再分配调节作用，这也是我国基尼系数在税前税后变化不大的重要原因之一。一要优化税制结构，降低间接税比重。由于间接税是不论纳税人负担能力高低，都按同一比例征税，这就会导致出现一种既不合理也不公平的现象，即收入高的人税收负担率低、收入低的人反而税收负担率高。因此，要健全直接税体系，提升直接税的比重，从而增加居民可支配收入。二要完善个人所得税制度。个人所得税因其有效累进性对降低初次分配中的居民收入差距有着重要的调节作用。尽管经过几轮改革，但是当前我国个人所得税仍存在一些问题。比如说贫富倒挂现象依然存在，即收入低的人群可能比收入高的缴税还多。出现这样的问题，一方面是由于我国个人所得税最高边际税率（45%）远高于企业所得税税率（25%），导致很多私营企业主的收入不以工资的形式体现，而是留在企业，最后按照 25%

的税率缴纳企业所得税；另一方面，当前个人所得税以家庭为主体征收早已经成为国际惯例，但是我国个人所得税仍以个人收入为主体征收，对于夫妻双方只有一方工作的家庭来讲，这种征税方式使得单职工家庭承担了较重的税负。因此要继续完善我国的个人所得税制度，改变征收模式、降低边际税率、增加专项费用扣除，以便更有效地发挥其收入分配调节作用。

推进基本公共服务均等化。基本公共服务均等化，指的是所有公民都可以获得大致均等的、与经济社会发展水平相适应的教育、就业、医疗、社保等公共服务，它是实现共同富裕的重要途径。我国幅员辽阔，各地自然资源禀赋有较大差异，经济发展水平很不均衡。实现全体人民的共同富裕，要坚持尽力而为、量力而行，推进基本公共服务均等化。一要完善基本养老保险制度。要逐渐缩小城镇职工与城镇居民、城市与乡村的养老保障待遇差距，尽快实现养老保险全国统筹，建立城乡居民基本养老保险养老金正常调整机制。二要健全全民医保制度。完善城乡居民医保制度和医疗救助制度，提高统筹层次，建立长期护理保险制度，提高基本公共服务水平。三要完善低收入人口保障制度。健全对困难群体的社会救助制度，缩小社会救助的城乡差异，健全残疾人基本福利制度。四要构建优质均衡的公共教育服务体系。最关键是推动义务教育优质均衡发展，要通过推进学校建设标准化、城乡教育一体化、师资配置均衡化，进一步缩小当前义务教育面临的区域、城乡、校际之间的差距。

完善财政转移支付政策。财政转移支付是世界缩小区域差距实践中最常用的政策工具。一要优化转移支付结构。财政转移支付要更加注重区域均衡和城乡公平，逐步实现按常住人口进行转移支付，以增强基层的公共服务能力。二要加大对落后地区的转移支付。实现共同富裕，推进基本公共服务均等化，离不开中央政府的资金支持。通过向经济不发达地区资金倾斜，提升这些地区的基础设施和基本服务，为其经济发展提供更多更好的条件，从而进一步带动当地就业，逐渐缩小地区之间的收入差距。

三、建立健全第三次分配机制

第三次分配是指建立在自愿基础上的、以慈善公益方式对财富进行分配的方式。和初次分配主要依赖市场、再分配主要依赖政府都不同，第三次分配依赖的是道德。1994 年厉以宁教授首次提出了"三次分配"的概念，2019年第三次分配正式写入党的十九届四中全会报告中。

支持有意愿的社会主体参与慈善事业。在第三次分配领域，我国不是先行者，西方一些发达国家已经走得很远。以美国为例，19世纪末的美国，贫富悬殊差巨大，由此带来的失业、罢工，甚至总统被刺杀等社会问题较严重。在这样的背景下，美国开始改革，鼓励富人参与慈善事业。时至今日，美国是全球慈善捐款最多的国家。当前企业是我国第三次分配的主体，社会组织和个人参与占比较少。要通过培育慈善文化、加强制度建设，鼓励支持企业、社会组织、个人等不同的社会主体积极参与慈善事业，构建多元主体参与的常态化机制。

完善促进公益慈善事业发展的政策法规。当前，我国公益慈善事业方面的政策法规不健全，相关制度没有形成，制约了第三次分配的健康发展。一些西方发达国家慈善事业发展得非常好，其中有道德、信仰等因素，但是更重要的是制度。比如，当前发达国家的税收已经从以商品为主体征税转向以财富为主体征税。以美国为例，美国的遗产税税率高达50%，这也是很多富人愿意主动将其财产回馈社会的重要原因之一。目前我国还没有开征相关税种，对于富人来讲，将其积累的财富留给后代，既没有任何经济成本、也符合我国的传统观念。因此未来要健全相关的法律体系，完善慈善捐赠的税收政策，推进我国第三次分配更多的实践探索。